HR同行之旅

李元江 著

中国法制出版社
CHINA LEGAL PUBLISHING HOUSE

人物介绍

1.	季菲菲	人力资源中心	招聘经理
2.	李鉴冰	人力资源中心	招聘总监
3.	林栋梁	人力资源中心	总经理
4.	于孝川	分管人力资源	副总裁
5.	吴韵帆	人力资源中心	副总经理
6.	陈　重	人力资源中心	绩效总监
7.	赵　顾	人力资源中心	培训总监
8.	甄开心	人力资源中心	招聘主管
9.	段　续	人力资源中心	员工关系经理
10.	林北华	人力资源中心	招聘经理
11.	宋北国	人力资源中心	绩效经理
12.	王　瑜	人力资源中心	培训经理
13.	张　莱	工程中心	总监
14.	邱道纯	招商中心	总监
15.	陈平宇	房地产项目公司	总经理
16.	王海山	营销中心	总监

楔子

工作了 10 年，做了 10 年的 HR，在职场上，经历了很多，也见过很多故事。

这些年早已厌倦了这样的生活，一开始也想洒脱，请长假把自己关在家里看书、喝茶、养花，然后去旅行。但到最后发现，适合我的还是职场。

很多时候闭上眼睛，回忆里总是第一份工作的情形。

那时我大学刚毕业，家里通过找关系，我顺利进入合融集团房地产开发板块的人力资源中心。在我进去之后，就听到公司在传集团的两大支柱产业可能要进行合并管理，这样的后果可能就是有些人要离开了。

那年的 9 月，合融集团旗下的房地产开发板块和商业运营板块确实合并了。

果然公司里的部分刚刚入职的大学生和非关键性岗位

的员工也随之被解聘。我的岗位其实也在被解聘之列，奈何我家的关系在，我也就没有走。这也让我这个职场小白看见、听见很多故事。

一个刚毕业的大学生，躲在所有人的后面，看着工作中人和职场上的事，学到了很多。

感谢合融，是我一直挂在嘴边的一句话。

目 录

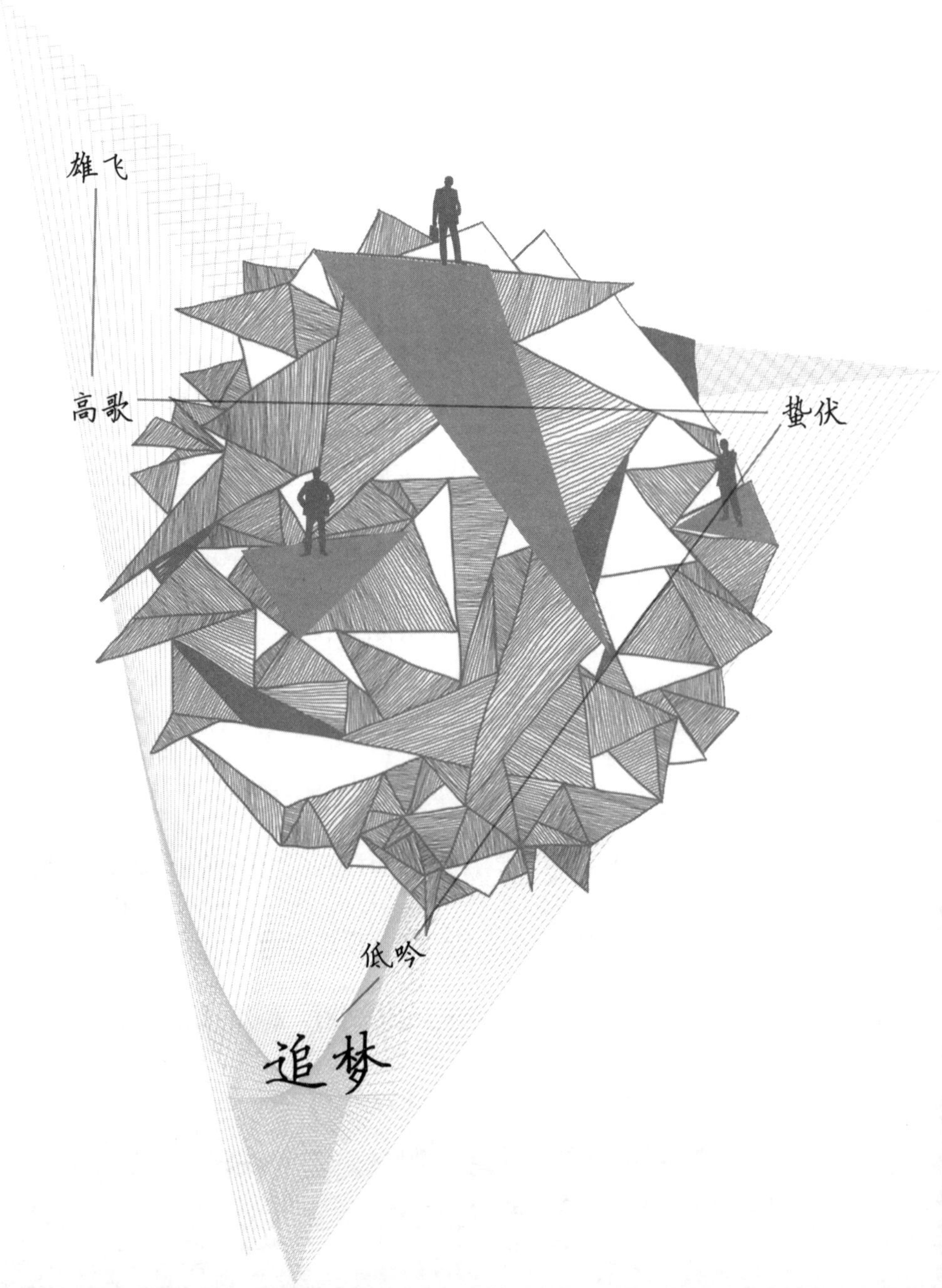

雄飞
高歌
蛰伏
低吟
追梦

01. 老总离职 总监逐鹿

合融集团9点上班，但是人力资源中心自己内部的规定是8点45分，因此大家一般情况下8点30分前都会到办公室，打扫自己的一亩三分地，然后全身心地投入自己的工作中。办公桌一定要整洁干净，风水上说办公桌很乱的话会影响到你的运气，其实是如果你的办公桌很乱的话，领导看见了，会认为你的条理性太差，你说你还会有机会吗。

今天也不例外，人力资源中心的所有人都进入了正常的工作状态，忙碌着自己手里的工作。

招聘经理季菲菲的电话响了，季菲菲瞄了一眼手机，来电号码是自己熟悉的一个猎头，懒洋洋地把电话拿了起来，放到耳边。笑呵呵地和对方聊着，聊着聊着就明显感觉季菲菲的脸色和表情不对，这个时候季菲菲的神情，完全可以判断一定发生了什么事情。季菲菲急躁地问：“你确信你说的都是真的，还是来我这里找个判断？”2秒钟后季菲菲说：“谢谢，以后请你吃饭。”就匆匆挂断电话。只看她朝着招聘总监李鉴冰的办公室快步走去，然后连门都没有敲就冲了进去。

李鉴冰，合融集团人力资源中心招聘总监，三十八岁，但是头发白了很多，有点奶奶灰的感觉，有人私底下叫他“白头翁”，也有人叫他“老李”。

李鉴冰看见季菲菲今天有些失态，瞬间判断可能出了什么事情，绝不是季菲菲私人的事。如果是的话，季菲菲早就朝电梯门的地方跑去了，既然进了我的办公室，肯定是和我有关，李鉴冰心里想。

基于瞬间的判断，李鉴冰没有发火，用手示意季菲菲冷静，然后指了指门，意思是让季菲菲把门关上。

季菲菲点头，把门关上，然后坐在了李鉴冰的对面。

“老大，林总辞职了，你知道吗？我刚刚得到的消息。”季菲菲调整呼吸，急促地告诉李鉴冰。

“不知道。”李鉴冰面无表情地说着。

林栋梁，合融集团人力资源中心总经理，四十二岁，服务合融 8 年。

这不是一句简单的话，也不是一件简单的事情。李鉴冰缓慢地站了起来，朝窗户走去，背对着季菲菲，心里在盘算着，更重要的，李鉴冰不想让季菲菲看见自己的表情，问道：“你从哪里得到的消息？”

季菲菲告诉李鉴冰是从自己的猎头那边得到的消息，一定准确。林栋梁去的是启盛集团，任职副总裁，分管人力资源及行政，薪酬待遇谣传一年不低于400万元。

季菲菲说到这里的时候，其实心里是有些激动的，因为李鉴冰是目前集团人力资源中心能力最强的专业总监，如果内部提升的话，未来招聘总监的岗位肯定就是自己的。李鉴冰感受到了她的激动，但并没有往这条线去谈。

李鉴冰问季菲菲林总和哪些部门的关系最好，启盛集团的业务方向，近来有什么大的动作，急得季菲菲都快跺脚了。心想这个白头翁就是个木头，实在是听不下去了，季菲菲突然来了句：“老大，林总离职后，他的位置是外招还是内提？”

李鉴冰心里笑了笑：“菲菲啊，这个是于总考虑的事情，不是我们关心的，还有在公司没有发布相关信息前，这个信息要保密。”

“明白。”季菲菲这个时候也冷静了下来，她发现自己说错话了，很多时候不能太急，有些任务只能是领导布置，而不是自己主动去争取，尤其是利益相关的事情。

接下来李鉴冰安排季菲菲去调查林总在公司的关系网

和启盛集团的业务方向，主要是防止林总走后会带走一批人，打自己一个措手不及，其实李鉴冰自己也是林栋梁的得力助手。

这个时候内线电话响了，李鉴冰依然是没有表情，用余光斜了一眼电话，来电显示是内线，而且是很熟悉的号码。李鉴冰快速接过电话，“于总好，嗯，我马上上来。”

“菲菲，先忙自己的工作，把手里的猎头渠道先梳理一下，刚才安排的任务尽快落地。”季菲菲点头说了声明白，然后就出了李鉴冰的办公室，而李鉴冰也拿着自己的笔记本出了办公室。他去的自然是于孝川的办公室。

轻轻敲了两下门，小心地打开，发现吴韵帆、陈重、赵顾都到了，自己是最后一个到的了，可能是因为刚才和季菲菲说话耽误了时间，李鉴冰怀疑房间内的其他人也已经知道了林总离职的消息了。

李鉴冰笑了笑：“于总，不好意思，刚才在安排工作，来晚了。”

“没有关系，坐吧。”于孝川示意李鉴冰坐下。

于孝川，合融集团高级副总裁，分管人力资源、行政、法务、信息工作，五十多岁，但保养很到位，不看简历也许你会认为他只有四十六七岁。

吴韵帆，男，合融集团员工关系及企业文化总监，三十七岁，微胖，不管什么时候永远是一张笑脸。

陈重，男，合融集团薪酬绩效总监，三十三四岁，鹰钩鼻，眼睛黑亮，皮肤微黑，眉头每天都紧锁着。

赵顾，女，合融集团培训与发展总监，三十六岁，永远的职业装，皮肤白皙，淡妆，知识女性，短发衬托着干练。

“你们四个都到了，有个事情要告诉大家，林总正式向公司提出离职，总裁和董事长也已经批准了。”

四个人只有赵顾的表情比较吃惊，其他三个人没有什么变化。李鉴冰猜测赵顾肯定是不知道的，吴韵帆肯定是知道了，陈重暂时还无法判断，因为他永远是一个表情。

“我给董事长和总裁建议，林总的岗位不外部招聘，进行内部竞聘，你们四人都可以竞聘，鉴冰啊，你先拟订一个内部竞聘的方案，要快，我看过后，如果没有问题，走审批流程，尽快实施。”

“明白，于总，还有您希望什么时候给您初稿？”

“明天上班前。”于孝川回答道。

李鉴冰点了一下头，表示确认。

于孝川也把林总离职的一些内部情况说了一下，会议很短，但是内容却很震撼，几个人各怀心思地走出了于孝川的办公室。

会议一开完，李鉴冰调整了一下情绪，便敲门去了林总的办公室，看见林总正在整理自己的物品。

林总看见李鉴冰的表情就知道他已经知道了，点了一下头说：“看来你已经知道了，来，坐沙发那边，我们好好聊聊。”

李鉴冰带着无奈的表情坐在沙发上，口带埋怨的语气，说：“林总，您还真是风一样的人物啊，您这样说走就走，悄无声息的，让我有点措手不及啊，你好歹跟我说一下啊。”

“怎么了，谁天天和我说天下没有不散的筵席，铁打的合融，流水的员工。我也是水啊，早晚要走，对于我来说早和晚没有区别的。”林栋梁这样回答李鉴冰。

李鉴冰叹了口气说：“林总，在我这里其实是有区别的，我不管别人怎么说，我跟了您这些年，知道您是有理想的，您的很多设想，别的不说，招聘上的设想，我和您差了很多，您的格局、您的高度我想公司还是知道的。在我的心里，您绝不会因为钱而离开合融。您为什么啊？”

为什么？林总叹了一口气，“对合融，我是付出过心力的，但是现在没有办法啊，到了我这个位置，其实所需要的不是在人力资源上的技术，更多的是对公司的理念上，可惜我的理念与公司很多人是有矛盾的。这个也没有办法，不管是公司高管还是公司的普通员工，一旦与公司的企业文化发生冲突，就很难再继续为这家企业服务了。我在公司工作的时间也不短了，但是这次两家公司的合并，给企业和我个人的冲击还是很大的，我想你也是有感受的，商业和房地产开发很多矛盾是不可调和的，不知道你有没有发现。”

李鉴冰想了想，其实他自己是明白的，商业和房地产开发有很多不可调和的矛盾点，举个例子，在招聘上，商业运营管理很多方面必须要有自己的团队，没有这个强有力的团队，你就很难把这个项目运营好，没有好的运营这个项目就等于死了一半以上；而房地产开发则不是，房地产开发是资源整合型公司，整个团队的人数可以不多，只要把各个方面的资源整合起来完成项目的开发就可以了，工程可以外包，销售可以外包，物业也可以外包。现在合融集团的想法是两个行业进行有效的配合，相互促进，这个想法是没有问题的，但是这个过程会很折磨人，因为你要不停地变换自己的工作思维方式，心累得不行。

李鉴冰想了想说：“林总，您这走了，有什么需要交代我做的吗？”

林栋梁笑了笑："唉，交代的事情就没有了，这样吧，给你留几句话。在职场上，除了你喜欢的，还有很多不喜欢的工作。这些不喜欢的工作要做得更好，你的生活才能更好。在职场上，当遇到你喜欢的工作，不要等领导安排你做你才做；在职场上，当领导要分配工作时，自己喜欢做的工作要学会举手，剩下的自己悟吧。"

李鉴冰想了想："谢谢林总，把职场的道理告诉我，我会与我的实际工作结合的。还有个问题，林总我想请教您，关于您的离开，于总的想法是公司不再进行外部招聘，想进行内部竞聘，您有什么好的建议呢？"

"建议嘛，我也没有太多要说的，先按照自己的思路进行设计，然后再根据领导要求进行修改和优化就好了，于总是为你们好。另外，如果你喜欢这个位置，在这个职位上，你的工作设想是什么？你的思路是什么？还有你的人力资源方向与于总是否一致，这个可以和于总先沟通汇报一下，然后再优化方案，明白了吗？"最后一句明白了吗声调略微调高了些。李鉴冰自然是听得出来。

李鉴冰忍了好久，还是问："林总，听外面的猎头传的，您的薪酬不低于400万元，太羡慕您了。"李鉴冰为了缓解气氛也八卦了一回。

林总笑了笑，“这个啊，我就不出来辟谣了，传得只要不太离谱，其实对我还是有利的。”

李鉴冰心里咯噔一下，心里在想，看来林总出去的年薪真的不少啊。这个时候他内心更矛盾了，对这个位置，他既想要，又不想要，心里被激荡得甚是无力。

李鉴冰心里在想这些事情，可就把林总晒在一边了。林总这样七窍玲珑的人，怎么会看不出来呢，拍了一下李鉴冰的肩膀说道：“鉴冰啊，有的时候，在你处理问题的时候，一定要想清楚，你如果这样做了或者你那样做了，你是否会平衡，这个平衡可能是工作的，也可能是生活上的。还是那句话，自己悟吧。”

两个人说说笑笑聊了大约 1 个小时，李鉴冰才从林总的办公室出来。

从林栋梁办公室出来的李鉴冰并不轻松，他现在满脑袋都想着这个职位的事情，李鉴冰很清楚自己的优势、劣势。

在李鉴冰的字典里，想是可以的，但想只是开始，如果他想了，那么就是开始，有想就一定有做，有开始一定要有结束，有做就要有结果。

依着自己的工作风格，李鉴冰回到自己办公室，开始准备草拟内部竞聘方案。

李鉴冰写了一会儿，发现自己写得很乱，总感觉哪里出了问题。可能这件事情关系到自己吧。所谓关心则乱。这个时候的李鉴冰异常烦躁，他合上电脑，看着窗外的夜景，心里告诫着自己。

与其告诫自己，还不如马上行动，想着刚才的方案，李鉴冰走出了自己的办公室，走进电梯，不是下楼，而是上楼，他要去找人，找那个可以决定这件事情的人，没错，他去找的是于孝川，这个时候根本不用提前电话联系，于孝川的工作习惯，晚上除了特殊事情会早走，其他正常时间不到晚上 9 点是不会下班的。

李鉴冰敲门，虽然声音很轻，但叫人听得特别清楚。听到了门里的“请进”，李鉴冰面带笑容地推开了门，随之说：“于总，我有点事情想向您汇报。”

于孝川讲着电话，点头示意李鉴冰坐在自己的对面，然后继续在电话里和对方说着，李鉴冰很端正地坐着，时不时地看看自己笔记本上的内容，捋顺自己的思路，随时等着于孝川。

就这样等了大概 8 分钟，但李鉴冰却有种半个小时的感觉。

于孝川确认了手机已经挂断，然后笑呵呵地说：“鉴冰，来，什么事？”

“不好意思，于总，这个时候还要向您汇报工作，主要是关于这次《人力资源中心总经理竞聘方案》的，我有些地方拿不准，所以还是要向您汇报一下。”李鉴冰每个字说得都很清楚。

于孝川的眼睛眯了一下，什么也没有说，不是他不想说什么，而是他在等李鉴冰说。于孝川在职场的江湖里游了几十年，面前的不过是鱼虾蟹而已，合融集团不是以前的小脸盆，现在是大湖泊了，再大的鱼也翻不出什么浪。

李鉴冰原本是等着于孝川问他，结果于孝川根本就没有理他，没有办法，李鉴冰只能自己接着说：“于总，我拿不准的地方主要有以下三个。首先，这次的内部竞聘是只针对人力资源中心还是针对整个集团？其次，对于竞聘资格的问题，因为按照公司现有的制度，凡是参加内部竞聘的候选人，必须在公司工作满 4 年，但是今天您跟人力资源中心的几个总监说他们都可以试试，其中赵顾的时间不满足这个条件，她还有 2 个月才满 4 年。最后，关于英语的问题，我的英语简单地沟通可以，但是如果要流利地使用英语，我不满足。”

李鉴冰把这些问题抛给了于孝川，他在等着于孝川。

李鉴冰不是解决不了这些问题，而是于孝川在今天已经把话说出去了。如果按照公司制度，这等于在打于孝川的脸，打了大领导的脸，自己的日子可能会更不好过。

于孝川想都没有想，首先直接降低内部竞聘的岗位，把原有的人力资源中心总经理的岗位降到人力资源中心副总经理，这样的话，直接就解决了人力资源中心各个总监应聘的资格问题，副总经理不需要英语很好，竞聘资格只要在公司持续工作2年即可。对于是否只局限在人力资源中心，于孝川不想被别人诟病，这个岗位可以面向整个集团，但是他又增加了几个相对特殊的竞聘要求，这样的话，就将大部分人拦在了竞聘的门外。

于孝川又和李鉴冰聊了一会儿，也算是再次观察了一下李鉴冰这个人。

李鉴冰汇报完毕，下楼回了办公室，关门坐在电脑前，捋顺思路后，在键盘上快速敲打着。

很快，一份详细的《人力资源中心副总经理竞聘方案》完成了，里面涉及招聘岗位、招聘人数、招聘时间、招聘地点、成本预算、人才甄选方法、竞聘组织、选拔流程，等等。

详细检查后，李鉴冰把拟好的《人力资源中心副总经理竞聘方案》通过邮件发给了于孝川，然后关电脑、灯、门。下班回家。

表面上的风平浪静，内在可能是波涛汹涌。

在方案还没有审核通过的这几天，只要到了下班时间，人力资源中心专业总监们就都有事情先走了，往常可是没有出现这样的事情。

赵顾去的是一个书吧，今天晚上给一个学习组织做了一个半小时的分享，但是今天赵顾明显是不在状态上，心里不知道在想什么，有几个地方明显出错，培训组织内熟悉赵顾的，猜测她今天心里可能有事情，第一次接触赵顾的人感觉见面不如闻名，讲的什么东西啊。

培训结束后，大部分人快速地离开了，有种浪费时间的感觉，留在最后的是这个学习组织的负责人刘健。

刘健试探地问："赵老师今天发挥得不是很理想呀，但是还是学到了很多东西。"

赵顾笑了笑，用左手捋了捋头发说道："今天实在不好意思，有点事情困扰着我。我们公司出了点事情，虽然和我关系不大，但是可能又和我有关系，说不清楚，也没有想明白，到现在也没有想好如何处理。"

刘健来了兴致，说："能把赵老师难住的事情还真不多，能不能和我讲讲，让我也学习学习。”

赵顾想了想，也许对方真的能给自己一点提示，总强过自己胡思乱想，就这样赵顾把今天上午公司领导离职，自己可以参与竞聘的事情和刘健说了一下。

刘健听后也没有太好的想法，只能建议赵顾顺其自然，有机会就争取，不能强求，也不能搞坏同事关系，免得竞聘失败，影响后续工作的开展。

赵顾想想也是，说了声“谢谢”，就各自开车回家了。

而这时的李鉴冰，正在一个小咖啡馆里，与自己的好友黄敏高兴地聊着天。因为就在刚才，黄敏作为教练，已经为李鉴冰做了一次梳理，李鉴冰也已经找到了自己内心的答案。

按说以李鉴冰现在的状态，已经很少再需要找教练来做梳理。很多事情他已经完全可以自己掌控，可今天发生的事情真的太过重要，毕竟关系着自己的职业发展、家庭收入。怎么能不放心上?!

但通过教练，李鉴冰还是回归到最初的工作本质，不刻意强求，坚守着自己的“不争即为争”的处事原则。

凡事看淡，用心做事，方为始终。

而此时的吴韵帆和陈重两人正在推杯换盏，喝得好不痛快。

吴韵帆的脸越喝越白，而陈重的脸却是越喝越红，如果有第三人在场的话，肯定乐得都吃不下去了。

两个人边喝边聊着，陈重卷着舌头说："老吴，机会来了，我今天就跟你交个实底，我也想争，但结果肯定不是我，所以我退出，我放弃，你别以为我高风亮节，狗屁，我在公司得罪的人太多了，我是没有办法啊，我做绩效的能怎么办啊，除了站在公司角度考虑问题，还要为领导做打手和杀手啊，你说我容易吗？但是今天我要说我是支持你的，你和我不一样啊，你是一直维护关系的，在很多领导眼里，你是有一定地位的，而且你在公司也很多年了吧。"

吴韵帆听着陈重说着酒话，自己也拿起酒杯抿了一口，说："陈重，你这说的什么话啊，我们俩今天为什么来喝酒，不是为了庆祝今天有这样的机会，而是为从今天开始有个开始，我的分析是我们四个总监里肯定会有人上位，但是不管是谁，我们都要无条件地支持人家。你刚才说我有机会，其实我的想法和你相反，我是最没有机会的那个，为什么，你可以看我来到公司，也快 10 年了吧，我有什么成绩呢，我自己也在反思，想了很久，发现我的成绩是没有得罪什么人，但我的最大的问题是没有拿得出手的业绩啊。

所以啊，我今天心里也不舒服啊，都说机会是留给有准备的人，但是你看我们俩，一个得罪了大多数人，一个是来了公司10年，却几乎没有什么业绩的人。”

“老吴啊，咱们俩不提了，喝酒喝酒。”陈重话都快说不清楚了，两个人相互发着牢骚，但其实在话里话外已经达成了共识，抱团准备这次的竞聘，具体想法两个人没有详细谈，因为今天是结成团队，后面的事情后面再说。

就这样，两个人又喝了一会儿，微醉着埋单回家。

第二天一早，大家还是按部就班地来到公司忙着手里的工作。

招聘条线的招聘主管甄开心把李冰鉴的茶杯洗干净后，泡上一杯白茶，回到自己座位上开始筛选简历，安排面试时间，打电话邀约，剩下点时间还要作背景调查，反正一天就没有闲着的时候。

李冰鉴来到办公室后，拿起茶杯喝了一口后，直接又吐了回去。看了一眼茶杯，摇了摇头，李鉴冰平静的对门外喊了一声：“开心，来一下。”

外面的甄开心笑呵呵地应了一声，拿着自己的笔记本小跑来到了李鉴冰的办公室，轻敲了一下门就进来了。

“老大，您喊我。”

“开心啊，你是谁派来的，来，说说，是不是别人不开心的时候，你就真开心啊？”

甄开心心想怎么回事，我又做错了什么事情吗？急忙回答道：“没有啊。”没有，李鉴冰指着茶杯说：“没有？没有你用冷水给我泡茶？”

甄开心惊讶地看着茶杯，夸张地张着嘴说道：“不好意思李总，我今天任务量有点多，就想着把茶帮您泡好，所以泡茶的时候就没有看饮水机的水是不是开的，可能昨天晚上关掉了开关，今天早上忘记打开了。”

“开心啊，以后做事要稳一些，不管你毕业几年，工作几年，在职场上做事，要有心，要用心，对，也要开心，当你用心做事的时候，你就会发现即使再困难的事情，只要经过努力，都会朝着好的方向去发展，成功的概率也会大增。还有，上班的时候少吃些零食。”李鉴冰其实没有对甄开心发脾气，相反，李鉴冰还是比较喜欢这个女孩子的。

甄开心入职合融集团，就一直在李鉴冰的条线上工作，虽然有些时候毛躁了些，但是这个女孩子骨子里有股狠辣的劲，越是困难越是有挑战的事情，她往往越有动力，在这点上和李鉴冰很像。

而且甄开心真的是开心果，不仅是自己开心，还能给别人快乐。记得刚搬办公楼后的一段时间，经常要进行维修和改造，一个星期五下午行政部的同事在来到办公室和大家说，明天装修工人要来办公室进行墙面粉刷，大家把桌面上的贵重物品都收拾好，避免丢失，造成不必要的损失。大家也都照做了，都把贵重的物品收拾到了抽屉里了，这个时候甄开心看了看自己的办公桌，想了又想，把桌子上半包零食收到了抽屉了。这个过程让对面的同事看得清清楚楚，然后这个事情就成了当天公司最经典的笑话。

故事还没有结束，星期一上班后，有几个同事发现自己桌子上的零食少了很多，然后大家又把目光投向了甄开心，说甄开心真有先见之明。又是一个笑话笑一天。

李鉴冰训了甄开心一顿后，心情反而开心了不少，甄开心也没有表现得太过上心和难过，说了句下次注意，就要转身出去。李鉴冰皱了一下眉头，问："你就这么走了，训得我口干舌燥的，赶快帮我再泡一杯去。"

好嘞，甄开心拿起茶杯转身就跑。可能在甄开心的心里，与领导保持距离才是最安全的。

李鉴冰忙了一上午的工作，因为没有人打扰，所以效率很高。大家之所以不去打扰他，主要原因是李鉴冰门上有块牌子，上面写着"除必须本人亲自处理，本段时间请勿打扰。”

你说谁看到这块牌子还好意思去敲他的门。

下午的时候，李鉴冰开始处理协调上的工作和招聘条线的日常工作内容，大约下午 3 点的时候，该处理的都处理完了。

季菲菲看见李鉴冰没有那么忙了，就敲门进了李鉴冰的办公室，笑呵呵地有一搭没一搭聊着公司各个部门的八卦事情，在两个都停顿近 1 分钟后，李鉴冰笑着对季菲菲说：“菲菲啊，说吧，想和我聊点什么，别拐弯了。”

季菲菲稍有尴尬，说道：“老大啊，说您是老狐狸你不会生气吧，什么都瞒不过您。其实呢，我是关心您，也是关心我自己。我听说你们四大总监要竞聘这个副总经理的职位。我不知道您是怎么想的。如果您当了这个副总经理，我们也能借您的光辉狐假虎威一番。”

李鉴冰边摇头边笑着说：“你还真敢想啊，你以为那个位置好做啊，这年头，高处不胜寒。”

季菲菲心想，这哪跟哪啊。

“菲菲，你不找我，我也要找你，我昨天晚上就把方案发给于总了，上午给了我回复，没有问题，我已经在 OA 上走了审批流程，刚刚批完，接下来要做的事情比较多，因为这次我上报的时间非常短，跟开心说一下，这几天要加班了。”李鉴冰快速地说着。

季菲菲翻了个白眼说：“老大，我们哪天不加班，下午5点算下午休，基本上不都是找点吃的就继续奋战啊。”

李鉴冰看看手表说：“一会儿4点钟的时候，叫上开心，我们三个人开个会，把这个事情分工一下，争取明天把所有的准备工作处理完。”

季菲菲眼睛瞪得很大，说：“李总，什么情况，您的方案时间也太紧了吧。会死人的。”

“不还没有死呢，等快死的时候告诉我，我给你留遗言的时间。其他时间继续拼搏，年轻人现在不拼什么时候拼，等你回顾你前十年，发现自己一事无成的时候，你再后悔没有拼搏，你不觉得晚了吗？所以，现在我给你的只有两个字‘加油’。”

季菲菲听李鉴冰说完，呼地一下站了起来，吓了李鉴冰一跳。季菲菲说：“李总，我会加油的，为了不浪费时间与生命，拿出更多的时间拼搏，我就不和您多聊了，我加油去了。”说完转身就跑了。李鉴冰心想，我都多少岁了，你还给我打鸡血，这是要榨干我最后一滴血啊。努力我会，加油我也会，但是我还有我的生活、我的爱好啊。

季菲菲出了李鉴冰的办公室，告诉甄开心下午 4 点开会，以及会议的内容，让她作好准备，也说了时间紧张，让她把手里的其他事情再捋顺一下，加快完成。

甄开心还以为季菲菲会说把其他事情先放放呢。看来是自己做梦了。

下午 3 点 55 分，季菲菲和甄开心准时坐在了公司的小会议室里，等着李鉴冰的到来，4 点，李鉴冰准时推开了会议室的门，脸上谈不上有表情，季菲菲隐隐觉得李鉴冰有心事，转念一想，可能是因为这次内部竞聘。

李鉴冰调整了一下自己状态，说："来吧，我们开会，先说说你们手里现在有哪些事情是重要紧急的，如果有的话，自己克服一下，现在要让路给这次内部竞聘。今天找你们来开会就是为了这个事情，资料你们都看了吧。"

季菲菲和甄开心都点头示意看过了。

季菲菲看着自己笔记本上记录的内容说："李总，这次的方案，我们都看过，我和开心认为这次内部竞聘方案与以往的是不同的，我们需要人力资源中心其他条线的同事进行配合，最最主要的原因是时间太紧了，我们两个人正常情况下是完成不了的，但是既然方案上的时间就是这样确定的，我们没有也不需要有后路了，所以只能通过各种办法来进行克服，这个时候请其他条线的同事帮忙是最好的选择。”

李鉴冰听后点了点头，转向甄开心，甄开心一看就是让自己表达观点，清了一下嗓子说：“李总，刚才季经理已经和我说过这个事情了，手里的事情刚才都进行了规整，没有问题的，对于这次内部竞聘，您放心，我们会全力以赴，但是因为这次是针对人力资源中心副总经理的，为了保证竞聘顺利进行，最好能有更多的支持。”

李鉴冰没有说话，其实他是想自己加上这两个人一起把这个事情做了，他不想让其他条线的人过多地参与进来。不是因为李鉴冰格局不够，而是这里面有些东西他不想让其他部门的知道。但现在面前的这两个人都是想让其他人参与进来，李鉴冰在衡量如何操作，哪些能给其他人做，哪些不能。

“既然这样，我们现在先定个方向，菲菲把这个项目进行分解，表格做出来，把相关人员都放进去，还有就是你们需要几个人，先用甲乙丙丁注明，我先和其他条线的总监沟通一下，看看谁还有时间。你们还有什么问题？”李鉴冰扫视着两人。

季菲菲只问了一下什么时候将表格交给李鉴冰，其他没有问。李鉴冰的回复是明天早上一上班就要。

有效的会议才是会议的目的。李鉴冰的会议很短，但也是最有效的。

明天一早就要交计划表，这相当于今天晚上就要完成。季菲菲一开完会就开始处理表格。说来也简单，因为以往工作中处理过类似的工作，表格也是固定的，季菲菲需要做的就是把相关内容替换掉。比如，在撰写内部招聘通知时，要注明这次招聘岗位的硬性要求、员工自愿申请的时间、各个总裁的提名时间、人数预测、场地准备、面试官安排，等等。确认这些以往都需要很长的时间，这次却只给了 5 天时间，实际上只有 3 天，因为这里面有两天是休息时间。

季菲菲很快就处理完了表格，又认真检查了两遍，确认真的没有问题了，便通过邮件发给了李鉴冰。

而这时的李鉴冰正在和吴韵帆谈借人的事情，吴韵帆想都没有想就直接答应了李鉴冰，说让段续帮忙，还说如果段续还不够用的话，他来想办法，有什么需求尽管提。李鉴冰在回办公室的过道上还在想怎么这回吴韵帆这么爽快就答应了，以往都是笑呵呵地委婉拒绝啊，回到办公室自己摇了摇头，不去想了。

下班后，吴韵帆和陈重两个人又聚在一起，这次不是喝酒，而是找了个休闲茶吧，在包间里，陈重拿出了自己今天拟订的方案给吴韵帆看，并解释方案里面的细节处理，吴韵帆听得很仔细，也提出了几个方面的疑问，并且把自己的想法告诉了陈重，具体的内容谈完后，吴韵帆告诉陈重今天李鉴冰向他借人来完成这次的内部竞聘，他没有任何疑问直接答应了，陈重没有想明白，问他为什么要给李鉴冰借人啊，现在踩他一脚不是更好吗?

吴韵帆笑了笑说:“第一，不管什么情况，李鉴冰是在为公司工作，他没有因为自己的私事来找我，我在可能的情况下要帮他。第二，李鉴冰这次找我帮忙的事情就是内部竞聘，这个其实也是关系到你我，不仅为了公司，也为了自己，我必须帮。第三，如果今天我的格局太小，即使我坐到了那个位置，我想我也做不长的。第四，我把段续派给他，其实我还有个目的，就是段续能帮忙了解这次内部竞聘内部的信息，以及我们的竞争对手，我们能够做到知己知彼百战不殆，你说应该不应该帮。第五，当我想竞聘这个事情的时候，我已经把自己当成了人力资源中心的副总了，一个下属因为工作来找自己协调人手，难道我不应该帮他吗？”

吴韵帆想得还是非常清晰，他知道他要什么，他也知道他应该做什么。

两个人又对这次可能会参加竞聘的人进行了分析，对比对方的优势和自己的优势，以及对方的劣势和自己的劣势，想来想去，吴韵帆都觉得自己这次机会比较大。

关于这次内部竞聘，所有的工作都紧张而有序地进行着。竞聘的通知早早就发了出来。看着条件，很多人还是摇了摇头，发现自己竞争力还是不够。能参与的人也就不多了，各个总裁提名的人还是不少的，季菲菲汇总了报名和提名的人员名单，然后根据要求进行筛选，最后加上人力资源中心这 4 个总监，一共有 11 人有资格参加这次内部竞聘。

这次内部竞聘采用演讲的形式，演讲内容分为固定的内容和发挥的内容。固定内容主要介绍自己现在和以往的工作经历、学习经历等，发挥的内容主要讲讲对人力资源的个人理解和如果自己竞聘上如何在这个岗位上实现自身价值。

这个演讲其实很难，因为固定的部分，你很难改变，很难说出亮点，发挥的部分就更难了，不是你在网上找几篇文章修修改改，再背背就行的，要结合现在合融集团的实际情况，要发现合融集团内在的矛盾和问题，还要提出解决方案。

而且可能还要有针对性地去了解这次竞聘的面试官的喜好。

内部竞聘的时间定到星期天。因为平时各个领导的会议比较多，时间充足，所以只能放到休息时间来进行。

整个竞聘演讲用时整整一天，竞聘者演讲每人不超过20分钟，面试官提问时间不超过20分钟。评分时间5分钟，每两个人后休息10分钟。等到最后一个人结束，高管们相互打趣，今天人力资源中心是在考验这些高管的体力和脑力怎么样啊。

最后，面试官将自己的评定进行排序，综合意见，选出这次内部竞聘的候选人。

还没到星期一，公司的很多员工就知道了吴韵帆被任命为人力资源中心的副总经理了。有人认可，认为实至名归，有人却嗤之以鼻，认为里面有猫腻。世上的事，没有十全十美的。

星期一一上班，关于吴韵帆被任命为人力资源中心副总经理（主持工作）的任命就发了文。

因为路上有些堵，甄开心晚到了10分钟，匆匆忙忙地取过李鉴冰的茶杯去清洗，等她回来后，发现李鉴冰办公室的门是关着的，季菲菲和甄开心不敢敲门，因为昨天她们就在现场，当时就知道结果了，也看出来李鉴冰不高兴的样子，事后，于孝川还特意和李鉴冰谈了10分钟。

甄开心心里还是有点慌，给李鉴冰把茶泡好，硬着头皮敲开门，把茶杯放在了李鉴冰的办公桌上，就快速撤了出来。

可能是季菲菲给甄开心灌输的思想，当知道或者看到或者听到领导心情不好的时候，如果不是特别紧急的事情，尽量不要去打扰领导，尤其是你要汇报工作失误的内容，可能会给自己带来大的麻烦。

没过5分钟，就听到李鉴冰办公室里茶杯摔碎的声音，然后李鉴冰出门叫保洁阿姨清扫了一下，在门口，李鉴冰冷脸看了一眼甄开心，什么也没有说，就回办公室了。这回外面的很多同事都听见了这个声音，甄开心看看季菲菲，季菲菲看看甄开心，两个人都是一副苦瓜脸，心里在想这几天的日子好过不了了，季菲菲还在合计着是不是请几天假出去避避风头。

李鉴冰在办公室摔茶杯的事情很快就传开了，几分钟后，吴韵帆笑呵呵地敲了敲李鉴冰办公室的门。

看到吴韵帆找自己，李鉴冰马上起身相迎，"吴总恭喜恭喜，不好意思，应该我去向您汇报工作的，这多不好意思啊。"

吴韵帆依旧笑呵呵地说："老李，我是给你送茶杯的，听说你的杯子今天早上摔碎了。”

听到这句话，李鉴冰脸上的表情变了一下，但马上就恢复正常。

“茶杯刚才是碎了，这也没有几分钟啊，吴总这也太关心我这个下属了，这么快就给我送个新的过来。”李鉴冰心里一直在思考吴韵帆反应怎么这么快。

吴韵帆依旧笑呵呵地说：“老李啊，你对我当上这个副总经理是不是还有不满意的地方，有的话，你现在就说出来，实在不行的话，我去找于总。”

“吴总怎么会这么问，我没有什么想法啊，昨天您是知道的，为了方便后面的工作，我是第一个演讲的，我听了您的演讲，其实在当时我就感觉这次应该是您会竞聘成功的。哦，不会是因为我刚才把杯子不小心摔碎了，然后外面的人有想法了吧，这可不是什么好事情啊。吴总，刚才是这样的，小甄给我送了一杯茶进来，也不知道怎么了，今天这个茶水比往常要烫很多，我这一口茶把我舌头上的皮都烫没了，还洒在手上，不小心茶杯摔在地上。真不知道会闹出这么大的误会，吴总，我对您可是真的没有想法啊，我这个人有我自己的不足，昨天于总和我都谈过了。”

“没有想法就好，你啊，把我心里也弄得七上八下的，我刚才心里还想呢，这个位置真不好坐啊，上面有水在浇，下面有火在烤。我昨天都没有怎么睡着，你在现场你是知道的，我在台上可是说了大话的。”

李鉴冰笑了笑，说：“吴总，这个我就爱莫能助了，咱们一家人不说两家话，您放心，我这边的活肯定会努力完成的，不会拖您后腿，但是我这边的支持也是要靠您的，没有您的支持我很多事情也开展不了。”

两个人又聊了一会儿，吴韵帆看看时间，起身准备走了，还要去其他人办公室看看呢。起身后，吴韵帆想了想，说：“老李，送送我吧，咱俩得高高兴兴地走出去啊，要不不知道外面人怎么八卦咱们俩呢。”

“嗯，您说的对，我们要团结，我送您。”就这样，吴韵帆出门，李鉴冰相送，在办公室门口，两个人还笑呵呵地聊了一会儿。送走了吴韵帆，李鉴冰在门口看见了甄开心，用手示意一下，让甄开心进来。

甄开心心里这个没底啊，李总找自己什么事情啊。拿着记事本和笔，小跑式地进了李鉴冰的办公室。

李鉴冰也没有让甄开心坐在她对面。斜着眼看了一眼“开心啊，说说吧，你是谁派来的。”

这一句话把甄开心给问懵了，“李总，什么谁派来的啊，我是您招聘进来的啊。”

这句话把李鉴冰给气笑了，“对，对，对，你是我招进来的，你看我这眼镜都好几百度了，你说我是不是瞎。”

甄开心继续懵着：“李总，您不瞎啊，李总，您别吓我，我做错事情，您批评我，你这样说我，我挺害怕的。”

李鉴冰调整了一下自己的情绪，“开心啊，上周你用什么水给我泡茶的，今天早上你用什么水给我泡茶的，上周我记得很清楚，你用冷水给我泡的茶，今天早上，你是用开水给我泡茶，我现在舌头上一层皮都烫没了，茶杯还摔碎了，这也没有什么，但是没有到 10 分钟，新上任的副总给我送了一个茶杯，你说说吧，你给我闯多少祸。以后我的茶杯我自己处理，你以后早上不用帮我了。做事要稳，要用心，想清楚再动。我说明白了吗？”

“好的，李总，我明白了。”甄开心被李鉴冰训了一顿出来了，不过也高兴，以后不用想着给李鉴冰处理茶杯了，心里还嘀咕着，李总太矫情。

一朝天子一朝臣，吴韵帆被晋升为副总经理，他原来的员工关系主管段续也相应地晋升到了员工关系经理，经过近 2 个月的调整，各个条线的工作总算都在有条不紊地进行着。

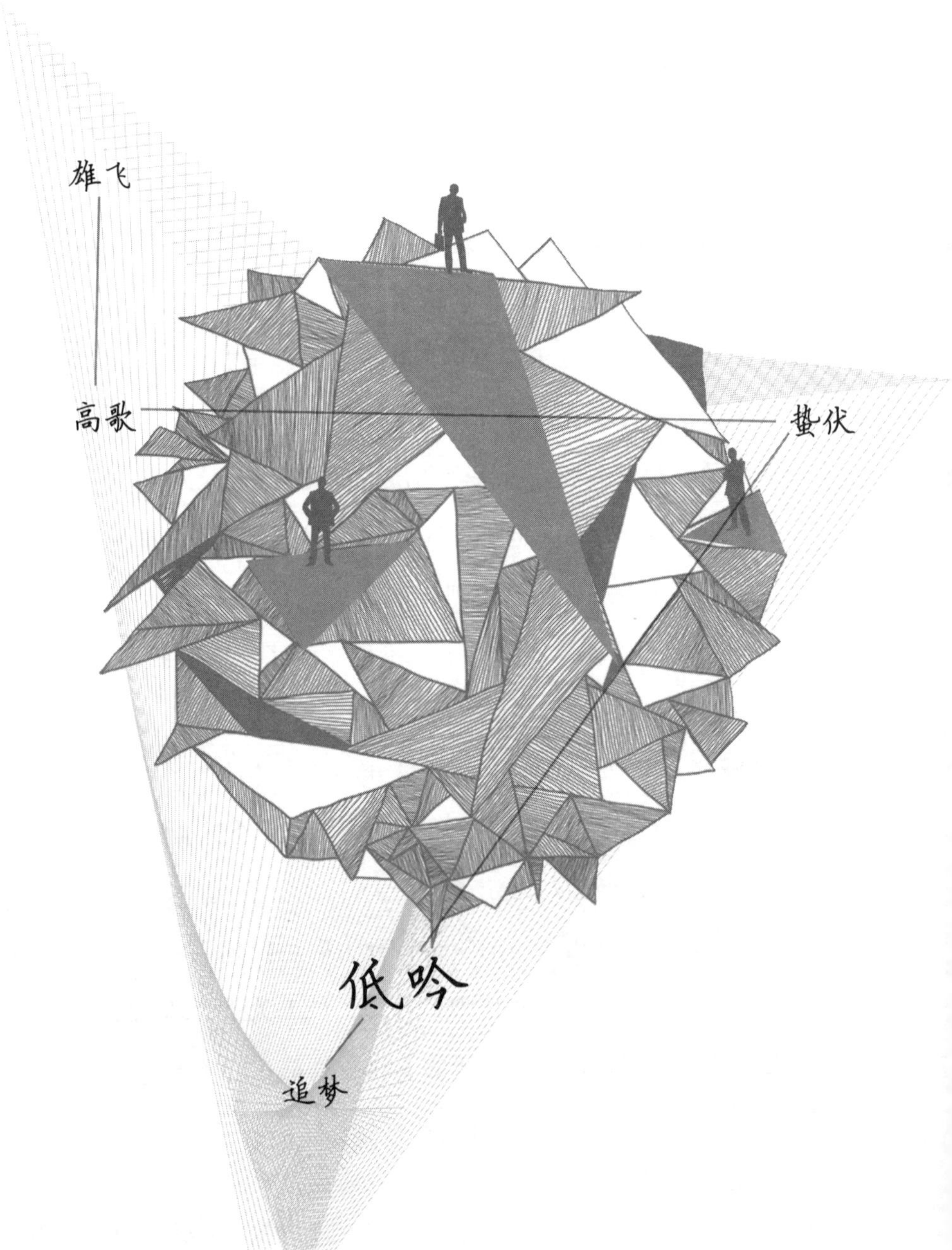
雄飞
高歌
蛰伏
低吟
追梦

02. 招聘总结 招聘计划

合融集团对计划管理非常重视，计划管理也是非常严格，通过多年的计划管理，已经形成了自己的计划管理体系，并且通过多年的数据累计，可以很准确地对相关工作进行判断。

日子一天一天地过着，每天发现自己的时间都是不够用的，转眼间到了12月初。很多人都说，人力资源工作1年做2个月就好了：12月和1月。12月写总结，1月作计划，其他月份都是别的部门在干活。说这句话的人对人力资源肯定是有意见的，但是，这个人也很清楚地看到了人力资源岗位在12月和1月的工作量是非常大的。

吴韵帆自然也是知道这个情况的，所以在11月底就组织各个条线的总监开了个内部的碰头会。

参加会议的除了吴韵帆还有李鉴冰、陈重和赵顾。

吴韵帆依旧是笑呵呵的，“老李、老陈”，刚想说老赵，吴韵帆看见赵顾板着脸看着自己，马上把那个“老”字给吞了回去。“赵老师”，赵顾这时候的脸色好了很多。

据听说，吴韵帆刚开始做副总经理的时候，看到赵顾的时候，总是喊她老赵，吴韵帆认为这样比较亲切，显得自己没有架子。一开始倒没有什么，时间一长，赵顾越听越感觉难听，正好有一天早上，赵顾在家和自己老公因为孩子的学习问题大吵了一架，刚到公司正好碰见了吴韵帆，吴韵帆依旧乐呵呵地和赵顾打招呼："早啊，老赵。"

赵顾本来心情就不好，这个时候听别人叫自己老赵，自己老吗，不老也被对方叫老了，正好没有地方撒气呢，就你倒霉吧。于是，赵顾推着门进了吴韵帆的办公室，然后在吴韵帆的办公室用她最擅长的语言攻击了吴韵帆一顿，把吴韵帆说得体无完肤。末了，赵顾又向吴韵帆倾诉自己今天早上在家里和老公吵架的事情，然后又说自己的压力非常大，希望领导理解自己，刚才对领导发火是自己的不对，向领导道歉，希望领导见谅。

吴韵帆听完心里这个气啊，这个时候也不好发火啊，只能依旧笑呵呵地说没事，以后不喊她老赵了，会换个称谓。

但由于吴韵帆叫习惯了，所以有时候还是会叫赵顾老赵。每次赵顾都冷脸相对。

在合融工作压力大，所以有的时候需要通过其他形式进行缓解，可能这种方式是吴韵帆自己想出来的吧。

“老李、老陈、赵老师，咱们几个人得合计合计了，这马上就要到12月了。12月和1月，这2个月对我们人力资源中心来讲至关重要，很多工作都会集中在这2个月里，今天我找大家来就是想我们一起提前想想这些事情，别有什么遗漏。我是第一年在这个位置，所以我的压力不比你们实际工作的压力小。”吴韵帆难得一次感觉很正经地说着。

李鉴冰想了想：“吴总，这几天我也在想这个事情，我的想法是我们今天先把自己这两个月必须做的事情进行罗列，还有把想做的事情写出来，再根据轻重缓急进行标注，协调运作。”

陈重凝着眉头说道：“我赞成老李的想法，其实今年和往年还不同，往年我们这些人虽然也会协作完成工作，但是今年合融刚刚合并，房地产和商业管理放在一起，我想想就头疼，虽然我们年初的计划管理都是一致进行的，但是年终，尤其是我这边的考核，非常麻烦，是全体二级组织考核，还是分行业进行考核，这都是很麻烦的问题。”

赵顾想了想：“我也同意老李的想法，而且我建议，在一个人说的同时，其他人可以进行补充，最后吴总再进行明确分工。”

吴韵帆这回是心里都在笑：“好，就这么办，这样吧，大家都回去想一下自己手里的工作，然后我们再谈，时间放到下午4点，我想这个会议应该不会超过两个小时，然后我请大家吃个饭吧，你们说怎么样。”

有人请吃饭，自然是好事情，大家都说没有问题，就散会了，各自准备自己的两个月计划。

各个总监回去后，都不会把自己关在办公室里自己想，而是把自己的下属都叫进了办公室，开始研讨自己条线的主要工作、工作计划、时间节点，还要考虑自己的问题需要哪个条线的同事进行配合，而且也要考虑其他部门可能想不到的事情。

下午4点，4个人在会议室准时开会，每个人都把自己的近期要做的事情罗列了出来，比如绩效方面的年度工作总结，参与第2年的年度经营计划，收集各个二级组织的年度目标责任计划，年度考核、年度述职，等等。

又比如培训方面的年度培训总结，第二年的培训计划及预算，根据绩效考核结果，制订相关的培训方案，等等。

还比如薪酬管理方面的年终福利发放，第二年的福利计划，晋职晋薪，员工考察，对于不合格的员工是劝退是开除是培训，等等。

再比如招聘方面的年底突击招聘，年度的招聘总结，第 2 年的招聘计划，招聘渠道的拓展，面试方案的优化，等等。

原本计划两个小时可以结束，结果这 4 个人整整用了 3 个多小时才讨论完，外面的员工都饿得前胸贴后背了，但是谁敢惹这 4 个人啊，除非不想在合融混下去了。

聚餐的时候，吴韵帆笑呵呵地敬着大家酒，说："希望大家在年底工作过程中要拿出春节后的状态来，勇往直前，共同奋战。"

其实大家心里想，如果再努力点，是不是要睡在公司了。在合融集团工作，基本上是把女人当男人用，把男人不当男人用。外面还流传着合融集团的员工子女其实都是留守儿童，早上上班走的时候，小孩还在睡觉，晚上回家的时候，孩子已经睡着了，有的时候双休日也还要来加班，一个月陪孩子的时间一双手肯定能数得过来，这不是留守儿童是什么。

不管怎么说，工作就在那里，任务不会减少，时间不会改变，不去把它们完成，它们就永远在那里。李鉴冰有句话是"工作就像是生孩子，早生晚生都要生，你还不如早点把它生下来呢。"

对于员工来讲，领导请吃饭自然是好事，但是饭也没那么好吃的，明天准备拼命吧。

第二天一上班，李鉴冰明显感觉到了整个部门已经有些变化了，但是当他扫到季菲菲和甄开心的时候，发现这两个人和以前好像也没有什么区别，无奈地摇了摇头，进了自己的办公室。

李鉴冰调整了一下自己的状态，简单地看了一下昨天晚上写在自己工作日志里的内容，调整了一下工作顺序，拿起电话，叫季菲菲和甄开心来自己办公室。

两个人很快就出现在李鉴冰的办公室里。

李鉴冰翻看着笔记本，抬头看了看面前这两个人，说：“菲菲和开心啊，昨天我们讨论的事情，下午的时候又和吴总他们碰了一下，他们提了几个意见，和我们当时的设想其实是一致的，因此，今天把你们俩叫过来，主要是讲讲接下来我们条线的工作怎么开展，避免走弯路。”

两个人点头示意听明白了。具体工作主要从季菲菲那里开始。

“李总，现在有几个工作是比较急的。根据这几年的数据分析，年底会有一批面试换工作的高峰期，很多人都是在这个阶段来换工作，然后春节后再上班。但是我们发现另外一个问题，就是年底这段时间，应聘者其实是没有时间出来面试的，而我们的面试官其实也是没有时间面试的，因此，我的建议，这两个月内，取消招聘条线和面试官的休息时间，争取一切时间来进行面试。”季菲菲说完第一个问题，等待着李鉴冰的反馈。

李鉴冰在季菲菲说问题的时候，脑袋就转个不停，当季菲菲把问题抛了出来，其实李鉴冰早就想过这个问题：“菲菲啊，这个问题呢，我们要从两个方面看，不能一刀切，而且我们条线肯定没有这样的权利，我的想法呢，还是根据实际情况进行判断，首先，要与这些面试官进行沟通，看看这些面试官的情况，双休日的时候能否有时间进行面试活动。其次，根据我们条线搜集简历，按面试的节奏来走，打个比方，这周我们计划要面试招商人员，先和招商副总进行沟通，看这周有没有时间，如果有，马上安排，其他部门的面试官咱们不管，下周如果面试工程方面的，就请工程副总放弃双休，其他部门休息。这样操作是否可行，你再分析一下。”

“好的，李总，我来按照这个思路进行预测一下。还有，就是我们年底的《招聘总结》报告和明年的《招聘计划》方案的问题，今年比较麻烦的是，合融把商业和房地产两个大板块进行合并了，导致数据上可能会出现很大的问题。

另外就是这个总结报告怎么写啊？完全是全新的，完成下来，写好的可能性不大。”季菲菲苦着脸向李鉴冰汇报。

李鉴冰心里憋着笑，心想你也有今天啊。“菲菲，这个也没有办法，我们必须写，而且要写好，不过呢，你先想个提纲出来，然后我们俩再研究一下，如何写这个总结。”

季菲菲无奈地点了点头。

之后又说了几个事情，每个事情都没有想象中的好做，但是都是必须做的。会后，季菲菲和甄开心两个人又把自己关在小会议室里，密谋如何做这些事情。

做不完的工作，但是又不能不做，季菲菲的眼圈黑了，甄开心一点都不开心了，两个人熬了两天，才算弄出来一份满意的关于招聘总结的提纲。今天一大早她们就向李鉴冰来汇报这件事情。

但是李鉴冰没有表现出高兴，也没有表现出不高兴，简单地翻看了几页，就让她们把资料放在他这里，他会尽快找时间来看，然后再回复她们。

其实李鉴冰这些天也没有闲着，下面的两个人写东西，他还是有些不放心的，所以在季菲菲和甄开心做方案的同时，李鉴冰也在研究这个招聘总结怎么写，写些什么内容，李鉴冰的原则是写出事实，最终的判断由更高层的领导来进行审核。

但是很多时候，事实真的不好写。

季菲菲和甄开心离开后，李鉴冰开始仔细研读她们俩提交的提纲。

李鉴冰所设想的和季菲菲所设想的提纲有很大的差异，李鉴冰的想法是通过数据整合，将房地产开发和商业管理的招聘数据进行融合。如果这样做的话，其原始数据的整合量会非常大，也就是说，前期的准备工作比较多。而季菲菲所提出的提纲是将房地产开发和商业管理的招聘数据独立出来，分别进行分析，这样好的地方是数据基本上不用重新梳理，可以很快地开始进行招聘总结的撰写，但是不好的地方，就是合融已经把两个板块的业务进行合并了，现在如果还分别撰写招聘总结，可能不是领导所想要的。如果在于孝川那里给否定掉的话，那么前面所做的功夫基本上等于无用功，白白浪费时间。

李鉴冰没有想好到底要怎么做。当遇到这类情况的时候，李鉴冰的思维方式往往会给自己做一次梳理，在内心中一问一答，如果你能进入他内心的世界，可能你会感觉这个人很神经。

下班前，李鉴冰单独把季菲菲叫到了办公室，让季菲菲介绍一下这个招聘总结撰写的思路。

季菲菲说："李总，这个提纲，我主要是按照去年撰写的思路进行设计，但是和去年的思路还是有些不同的，主要原因是因为今年在下半年集团将两个业务板块进行合并，其实这个合并对我们撰写《招聘总结》还是有很大影响的。合并前，隶属于不同的行业，合并后，变成了集团化多业务板块操作，我们还是第一次遇到，里面的数据来源有很大的不同。举个最简单的例子，我们的招聘渠道分析，如果在以往，房地产行业的简历最好的渠道可能是两大招聘网站和新晋的猎聘网，但是我们的商业管理方面的简历量最多的网站是 58 同城、百姓网等，因为岗位不同，用人不同。如果按照数据合并来处理，我们的总结也是可以写的，但是我们的前期准备工作会非常大，这个数据不是简单地把网站数据进行排列，那样的话，会对我们另一个方案《年度招聘计划》有很大的影响，我们在费用投入上会造成严重的失误。其实我是想了很多，这几天基本属于婴儿式睡眠，困得睡不着，睡着了一会儿就醒，看一下手表，发现自己只睡了 1 个小时，然后闭上眼睛继续睡。就这样反反复复，要不你看我这黑眼圈。"

"嗯，黑眼圈是很严重，你说的是有些道理，不能说你说的是错的，但是，我也有我的担心，一旦我们在总结里进行分别总结的话，于总那儿能不能通过是个问题，一旦通不过，责任我来扛，这个是没有问题的，我担心的是我们还有没有时间继续完成这个工作，今年是第一年合并，我不想在这个节骨眼上出问题，而且吴总刚上任，我也不想给他上眼药啊。”李鉴冰说出了自己的担心。

季菲菲想了想，“李总，您说的有道理，您看这样行吗，您先和吴总沟通一下，我们呢，由于时间的关系，就不等他们决定完了再动笔，我们先行动起来，起码有些框架性的内容可以丰富起来，最后就是数据上的修改，您看这样行吗？”

“嗯，可以，现在只能这样了，你们开始写吧，我也再自己研究一下，看看要加什么内容进去，到时候随时告诉你们吧。”李鉴冰看看手表。

季菲菲得到了答案，自然起身出去，回到自己的工位上，告诉旁边的甄开心，今天晚上正常上班，准备开始写总结了。

这边准备开始写，那边李鉴冰已经去找吴韵帆去沟通了。

季菲菲一开始写，就写了 2 个字——前言，然后就写不下去了，这个前言怎么写啊，写什么内容啊，脑袋里一片空白，今年的合融集团发生了太多的大事件，收购、合并、项目开发、商业开业，等等。

前言写得太少，不行，写多了又累赘，再说，这个前言是为后面的总结做铺垫的，最后季菲菲决定，先往多了写点，后面写的过程中，发现前言的哪些内容与整个总结没有关系的话，就删掉。确定好了思路，季菲菲就开始快速敲击键盘。

李鉴冰和吴韵帆也没有碰出个结果来，主要原因是李鉴冰说得比较严重，吴韵帆对于招聘的专业度又欠缺，所以不敢下决定，最后的结果是吴韵帆让李鉴冰暂时先不要去找于孝川汇报，让他自己拿主意怎么写，写完第一稿后，再向于孝川进行汇报，所以李鉴冰的招聘条线要用最快的速度来完成第一稿。

李鉴冰回到自己的办公室，立马把季菲菲叫了过来，简单地说，就是不管哪个方向都可以写，但是前提就是要用最快的速度来完成，数据上如果有些许出错，暂时没有问题，成稿后不错就好。

季菲菲明白了李鉴冰的用意，想了想，告诉李鉴冰争取在 3 天内完成初稿，李鉴冰没有反对。回到工位上季菲菲看着电脑屏幕，边摇着头，边用力敲击键盘，心里想着，现在多敲一个字，就完成了一个字。

季菲菲的黑眼圈继续恶化，经过 3 天的奋战，终于完成了初稿。看着十几页的报告，甚是欣慰，心里想总算是要见到曙光了。晚上在床上，给自己贴了个最贵的面膜，什么都不想就睡着了。

年轻就是好，不管再怎么累，只要饱饱地睡上一觉，第二天立马精神百倍。

季菲菲早早地就到了公司，再次检查一遍报告，等待着李鉴冰的到来。

当季菲菲把厚厚的报告递给李鉴冰的时候，李鉴冰连看都没有看，就把报告放在了一边，“我上午有个会，还有点资料没有准备好，下午我仔细看过后，再找你谈，再把需要改的地方告诉你。”

没有办法，只能等下午了。

中午李鉴冰连午饭都没有顾上吃就回办公室看季菲菲的报告了，他看得很仔细，用自己的钢笔认真地在报告上画着、圈着、打着问号，李鉴冰边修改，边晃着脑袋。

下午 2 点，李鉴冰把季菲菲叫到了办公室，一页一页处理着报告里面的问题。问题实在是太多了，这个部分缺什么内容，那个部门缺什么内容，这数据是怎么来的，那个数据放在那里有什么作用，李鉴冰越说心里火越大。

“菲菲啊，这就是你写了 3 天的报告啊，这个报告怎么看啊，现在连我都看不懂了，你让总裁们怎么看啊，你这是在写报告吗，你学法律的吧，写判决书呢，想我早点死，你直接说啊。”李鉴冰又好气又好笑地对着季菲菲说着。

说者无心，听者有意。季菲菲心里挺不是滋味，自己已经很努力，好几个晚上都没有睡好，就是想早点把事情做完，结果，换来的却是领导的冷嘲热讽。但是换个角度想想，确实是自己出了问题，无奈地摇着头，回自己的工位上继续修改报告。

快下班的时候，李鉴冰被于孝川叫到了办公室，于孝川问了一些关于招聘上的工作，挑了李鉴冰几个不足的地方，狠狠地训了李鉴冰一顿。

李鉴冰从于孝川办公室出来的时候都是懵的，心想这老头是不是吃错东西了，发的哪门子邪火啊！今天真是倒霉！

又过了两天，季菲菲的招聘报告再次提交给了李鉴冰，没有意外，李鉴冰又发现了一些新的问题，再次训了季菲菲一顿。

转过天来，李鉴冰又被于孝川叫到了办公室，两个问题的疏漏，李鉴冰再一次被训。

李鉴冰两次被训，回到办公室，他把门反锁，开始想这几天的事情，李鉴冰总感觉这里有问题，但是有什么问题，他没有想清楚，这里有什么联系，他也没有想明白，但是凭借着多年的经验和自己的感觉，李鉴冰认为于孝川和季菲菲肯定有不可告诉人的事情，要不怎么我训完季菲菲，自己就会被于孝川训啊，但从哪里入手，怎么去做，李鉴冰毫无头绪。

这件事情没有想明白，李鉴冰也没有心情去做其他的事情。

李鉴冰的风格是如果想不明白，那就不想了，今天晚上李鉴冰下班比较早，因为自己妹妹从外地过来了，晚上要请妹妹全家吃饭。

在吃饭的过程中发生了个小意外，女儿不小心被邻座的小男孩推了下，本没有什么，但是孩子的姑姑与对方大吵了一架，因为“欺负我可以，欺负我侄女不行”。

第二天一早，李鉴冰找了一下段续，让段续调出十几个招聘人员的内部档案，说是到年底了，想再了解一下这些人的基本情况。段续看了看这些人，原则上都属于李鉴冰的直接管理或者条线管理人员，自然很快就调了出来。

调了十几个人出来，不代表都要看，李鉴冰主要看的是季菲菲。在家庭情况栏里，季菲菲母亲的名字赫然写着“余笑岚”。这回，就是傻子也能猜出来，季菲菲是于孝川的外甥女，怪不得自己训完季菲菲，不出半天肯定被于孝川训。你欺负人家外甥女，你还想过太平日子，那不是白日做梦啊。

知道了这里面的关系，李鉴冰自然知道怎么处理。当他再次审阅季菲菲提交的招聘总结的时候，言语上自然是轻了很多，但是又不能让对方感受到有太大的变化，时而摇摇头，然后告诉她怎么做，时而叹叹气，接着说教你很累。

就这样，经过多次的磨合，招聘总结的报告，改了 13 版，总算完成。季菲菲倒没有因为招聘总结改了这么多次而抱怨，因为改了这么多次报告，发现了自己身上的不足，有些小毛病因此都改过来了。

而在这段时间里，甄开心也好过不到哪里去，因为季菲菲写的是招聘总结，甄开心写的是明年的招聘计划。

甄开心写招聘计划是第一次，当接到这个任务的时候，眼睛直接往上飘，内心颤抖得都快把心脏抖出血来了。因为全新的工作对于工作没几年的人来讲是有诱惑的，但是今天给的活难度比较大，甄开心心里没有底，怕完不成。

但是这世上的事，不是因为你怕，你就可以躲得过的。

你不面对，它永远都在那里，当你越过了，你会发现，不过一条小河而已。即使你这时遍体鳞伤，也会带着胜利的微笑继续前行。

接下来甄开心也开始写方案的大纲，有样学样，自己不会写，但是可以问啊，问谁当然是自己的经理季菲菲啊，季菲菲把自己写招聘总结的想法告诉了甄开心，甄开心想都没有想，季菲菲怎么做，自己就怎么做，基本上不会出太大的问题。然后就是李鉴冰的一顿痛批，让她重新考虑，再写一个版本给他看。

回到工位上的甄开心也在骂自己是猪脑子，季菲菲可以考虑分开写，自己却不可以这样，因为现在已经合并了，你再分开写是什么意思啊。

但是这回怎么写，甄开心又没有主意了，总不能再问季菲菲啊，怎么办，天下文章一大抄，看看别人怎么写的，多借鉴几篇，一个晚上，甄开心在网上查了好多的招聘计划，分析着别人怎么写，方案的结构为什么这么设计。自己想了一个晚上，第二天又把自己公司以往的招聘计划拿出来研究，有些东西自然就明白了，甄开心重新列了一下提纲，提交给了李鉴冰。

李鉴冰看了一下，感觉比上次好了很多，可能是因为进步速度比季菲菲快的缘故，直接让甄开心开始撰写。

甄开心高高兴兴地开始写着年度招聘计划，结果这却是噩梦的开始。

方向确定了，撰写自然就快了，但是甄开心因为手里还有很多事务性的工作要进行，所以写起来的速度也不是很快，而且在写这个年度招聘计划的过程中，甄开心发现了很多问题。其中最大的问题就是数据问题。

发现问题，理论上最好的办法就是快速行动，解决这个问题。但是李鉴冰曾经给她讲过，做一件事情的时候，发现问题，如果经你判断，这只是独立的问题，你处理它一定要快，因为一定要记住，皮球不要在自己的脚下，皮球在别人的脚下，你才是最安全的。但是，如果这件事情你只是刚刚开始，发现了一个问题，那么你要做的就是，快速地分析一下，在这件事情的后面，你还有哪些问题要解决，是不是可以合并解决，如果能把大部分问题合并处理，将会节约你的很多时间，你的工作效率会高很多。

甄开心回忆着李鉴冰的话，然后把这个问题放在旁边，继续写着年度的招聘计划，越写心越凉，因为这哪里是一个招聘计划啊，简直就是招聘的体系啊。

首先就说前言。你招聘要有依据啊，这个依据是什么，首先是企业的战略规划，三年战略、五年战略，然后是明年的经营计划，集团明年要有多少个开工项目多少个开业项目，要储备多少个项目，等等，有项目就要有人啊。

其次是编制。根据合融集团多年来的摸索，一个项目公司的岗位配置基本上是固定的，而且根据项目的体量、大小等要求，各个岗位的人数上配置也是有要求的，记得当年李鉴冰有个研究课题就是《标准化人力资源配置方案》，这么多年了只进行了部分修改，一直到现在都在使用。

再次是人员轮动的问题。不同的公司，有部分岗位是可以进行轮动的，因为这些岗位是阶段性工作，比如商业的招商，开发公司项目结束后的全体员工，等等。因此在写这个招聘计划的同时还要看看在明年哪些开发项目结束，哪些商业项目开业等。

还有就是要考虑晋职的问题。你招聘个财务总监很难，但是你招聘个财务经理却很容易，因此把优秀的财务经理提升后，你补充个财务经理即可。

另外，合融集团每年都要做校园招聘。校园招聘也是人才补充的一个部分，因此要把这个方面一并考虑进去。

最后就是预算的问题。预算分为几个部门，线上部分，线下部分，很多时候猎头的预算会占比很大，但是合融对于猎头的使用有严格的要求，比如总监级别及以上的岗位占岗位总数的60%。

各种各样的要求，甄开心想了个遍。如果你从甄开心的旁边走过两次，你会发现她一个动作保持很长时间。

当她想明白这些问题的时候，想活动一下，发现胳膊已经没有知觉了。一会儿后，胳膊麻麻的，感觉一点都不好受。

甄开心把自己想到的问题进行汇总、分类处理，并且将这些问题的解决方法进行了罗列，然后找李鉴冰汇报工作。只有得到了李鉴冰的确认，这些工作才能继续进行。

李鉴冰看着甄开心的问题，并且听着甄开心的解决方案，偶尔点头，有的问题的解决方案李鉴冰提出了自己的看法，有的提出了新的问题。这次李鉴冰没有让甄开心自己回去想答案，而是直接告诉甄开心怎么处理会更好，不为别的，时间紧迫。

根据李鉴冰的确认，甄开心开始准备相关的调查表格，用最快的速度发送到相关领导的邮箱里，并确定相关回复的时间节点。这还不算完，甄开心在第二天还挨个打了遍电话，再次说明调查表格的重要性。

在合融这样的公司，人力资源中心还是有很高的地位，因为它的管控属性比服务属性要高很多。

半个月后，甄开心的明年招聘计划终于写好了，该有的数据也都有了，李鉴冰翻看着这十多页的方案，认真地看着，时而低头沉思，时而目光斜视天花板，李鉴冰想了很久，说道：“开心，这份方案写得不错，在我这里基本上没有太大的问题，但是这份方案我感觉没有出彩的地方，可能到了吴总和于总那里也会涉及这个问题。”

甄开心听到前半段还很激动，听完后半段感觉可能要重写了，心里想什么叫出彩啊，怎么才能出彩啊，前段时间你也没有说啊，你现在才说，逗我玩呢吧，这都快元旦了，你让我怎么办啊，如果你让我重写的话，我怎么办？

“想什么呢？专心点行不？”李鉴冰看见甄开心在那里发愣。

“李总，我在想怎么能让这份方案出彩，从头想到尾，我也没有想清楚在哪个地方增加新的东西，可能是我写这个方案写的时间比较长了，思维有些固化了。”甄开心在给李鉴冰做着解释。

李鉴冰心里想这是解释吗，明显是写东西写累了，不想用脑子了，在等我给她出主意呢，唉，算了，以后培养人还要找点聪明的，但是聪明人也有不好的地方，最好能找到聪明的老实人啊。

“开心啊，问你几个问题？为什么要写招聘计划啊？招聘计划完成后要做什么啊？”李鉴冰可不想自己的下属等着自己喂食，还是要用点沟通的技巧。

“李总，招聘计划为的是企业的长远发展，招聘到企业要用的人才和储备企业所需要的人才。对于招聘计划完成后当然是开始启动这个招聘计划，发布招聘信息，筛选简历，安排面试，还有录用前的背景调查，薪酬沟通等。”

“那开心你认为这里面最重要的是哪个环节呢？”

“重要环节，当然是每个环节都重要，但是这里面可能技术含量最高的要数面试的环节。对了，李总，我这一年来发现了点问题，我们有些面试官不会面试，或者说很多面试官的面试方法有问题，也导致我们公司有些员工入职后不符合我们公司的用人标准，这就造成了我们招聘条线重复的招聘工作做了很多遍，工作效率低下，您看我从这方面下手怎么样。”甄开心的瞬间反应能力还是非常强的，通过李鉴冰的几个问题就能够找到问题的关键点。

“那你想怎么下手呢？”李鉴冰其实内心还很高兴的，就用了几句教练式引导就能让对方抓住要点。

“李总，我的想法可以从几个方面同时入手，比如针对面试官进行面试培训，教大家一些面试的技巧和方法，这个嘛可以从培训的方面入手，虽然是我们提出来的，但是我想这个方面可能赵总那边会想得多点；重点方面其实我已经想了一段时间了，我想来个一劳永逸的方法，您当年做的《标准化人力资源配置方案》，这么多年公司一直在用，我也想做一个类似方案，从公司的胜任力模型下手。我们集团现有的岗位其实是确定的，岗位说明书也很明确，短时间应该不会变，我的想法是基于胜任力模型，为每个岗位设计面试题库，这个面试题库设计完成后，当招聘某个岗位时，只要在相同岗位的题库中抽取相关的面试题，然后将对方的回答进行记录，后续根据公司的招聘要求，一一对照，很容易判断这个候选人是否适合咱们集团。”

李鉴冰边听边点着头，说：“开心啊，想法是好的，但是从你刚才的想法来看，这个工程量应该是巨大的，短时间完成的可能性不大，但是我还是认同你的想法的，你可以把你这个想法的相关步骤写进明年的招聘计划里去，但是相应的时间节点设定相对长一点，这样可能我们的时间相对会充裕些。”

“明白，李总。”

就这样，两个人又聊了一会儿，主要的内容还是围绕着明年的招聘计划和面试题库。

等甄开心出了李鉴冰的办公室，发现自己在李鉴冰办公室待了近2个小时。回想一下，自己哪里来的那么多话啊，再想想两个人聊的内容，甄开心有种自己掉坑里的感觉。总感觉李鉴冰无意就把自己带坑里去了，但是换个角度想想，可能过段时间还要感谢这个“白头翁”，不知道怎么，甄开心的心里对李鉴冰还是敬仰的。

基于胜任力模型的面试题库，说起来轻松，做起来肯定困难重重，想写个这样的提纲也是非常困难的，你们是不知道，合融上层的这些老家伙们，一个个鬼精鬼精的，做事稳重又细，凡事只要让他们搭上眼，这些人就知道你在想什么呢，你提的方案，一眼就能看见问题的关键点，一眼就知道你的漏洞在哪里，李鉴冰不好应付，上面的更难应付。

甄开心想了好久，总算写出来个轮廓，整体看上去还不错，甄开心心里想，如果这个弄出来，自己好像也会上个层次，牛上一段时间。

明年的招聘计划，在李鉴冰的把关下，用了1个月才完成，但是到了吴韵帆和于孝川那里还是改了3次才算勉强通过。这个时候已经过了元旦。

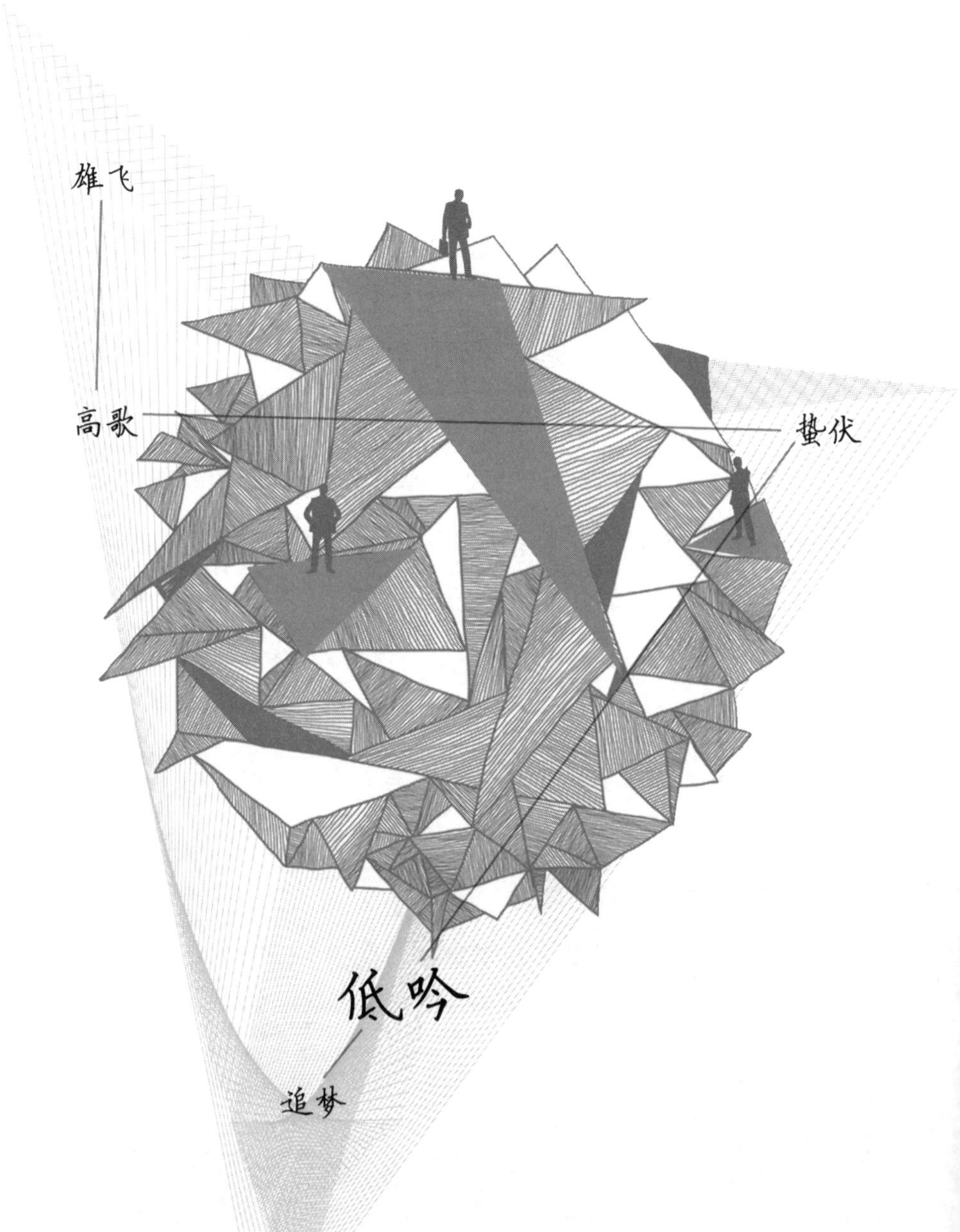
雄飞
高歌
蛰伏
低吟
追梦

03. 操纵测评 陈重造假

元旦过后，人力资源中心最重要的工作莫过于对过去一年的总结。而在这之前，吴韵帆已经安排了陈重开始做方案。

第一次汇报方案，陈重拿了两页纸，敲了两下门，没有听到里面的回应，就推门进了吴韵帆的办公室了。而这时，吴韵帆的电话正在耳边，简单说了句现在有事，稍后给你回电话，就把电话挂断了。

放下电话，看着对面坐着的陈重，吴韵帆依旧笑呵呵的。

“老陈，什么事？”

陈重平时对着其他员工的时候，脸永远都是阴着，在面对吴韵帆的时候，虽说没有笑（可能已经不会笑了），但却没有阴着。“老吴，没有其他的事情，就是前段时间，你不是安排我做个关于今年年终总结的方案吗？我简单写了一下，给你看看。”陈重说话的同时，就把他写的两页纸扔给了吴韵帆。

吴韵帆没有动，用眼睛斜看了一下，然后抬眼看着陈重微笑着说:“陈重，这样，你先讲讲你的思路，我听听。”

陈重调整了一下坐姿，靠着座椅的靠背，感觉舒服一些。“老吴，是这样的，我的想法呢，还是和去年一样，方式方法不变，所有总监级及以上的员工做述职。”然后陈重就不说话了。

吴韵帆听完后，脸就往下沉:“陈重，你两周就拿出来这几句内容?你的方案就两页纸，你刚才说总监级别及以上的岗位都要进行述职，你知道现在总监级别以上的人有多少人吗?”

陈重看见吴韵帆和平时不一样了，明显感觉到对方生气了，立马调整了坐姿，“老……吴总，是这样的，最近我那边在忙一个项目，所以关于年终的总结，我上心不够，今天也不是汇报这个事情的，主要是想向您请教一下这个问题，我们要怎么做，咱们得先定个方向。”

吴韵帆的脸色好了一些，但依然严肃，说:“老陈，咱们是什么关系啊。我坐这个位置，你知道有多难吗?压力比你想象的大很多，上层希望我能解决任何关于人的问题，但是这些问题不能是我一个人单枪匹马来干，我要靠你们的，如果都像以前一样，可能我会省心很多，但是你观察观察，外面的那些人有和我们是一条心的吗?如果连你也要和他们一样，来敷衍我，我也要干不动了。你说我说的对不对？”

听完吴韵帆的一番话，陈重心里特别不好受。这几个月以来，陈重一直认为吴韵帆的上位自己是有莫大的功劳的，所以在其心里，一直以功臣自居，基本上不喊吴总，直接就叫老吴，他内心里是感觉这样亲切，同时又能告诉其他人，他和人力资源中心的副总关系有多好。

从吴韵帆的办公室出来，陈重的眉头锁得更紧了，脑子里不停地在转。刚刚听了吴韵帆的一番话，感觉自己很多事情都做错了。吴韵帆和自己同级的时候，是朋友，是哥们儿，是知己，但是他现在上位了，那就应该是自己的领导，而这段时间自己忽略了层级关系，还有，吴韵帆心里怎么想的，如果我是吴韵帆，真的希望有像自己一样的人在身边吗。高处不胜寒，职位越高越没有朋友，这段时间，自己犯了职场的大忌啊。

犯错不怕，怕的是自己不改，要尽快修复好这层关系，怎么修复，不是请客吃饭，不是表忠心，而是要把本职工作做好，当你的工作没有人能代替的时候，你的位置将稳固无比。

陈重想的是如何修复。吴韵帆这个时候靠在椅子上，凝视着天花板，他心里在想朱元璋。朱元璋当年是怎么想的，又是怎么做的。自己虽然和朱元璋不能比，但是可以学啊，学是可以学，但是怎么做既能达到目的，又不会损害自己的形象。看来还是要深入地了解一下朱元璋了，先买几本关于朱元璋的书看看，想到了，马上就要行动，吴韵帆以往这样评价过自己，现在的脑子不如以前了，想要做什么就马上行动，这样做的好处是别人会认为你的行动力和执行力很强，但其实是自己的脑子不行了。虽然是句笑话，但是也是句实话。

回到自己办公室的陈重，心事重重，他没有立马坐到自己的位置上，而是在自己狭小的办公室里来回晃着。他在思考，思考如何做好这次的年度绩效工作，如何重新塑造自己的新形象，陈重就这样在办公室里晃了快一个小时了，等自己把一些事情想明白后，发现快要下班了。但是对陈重来讲，从来都没有下班的概念，有的只是工作还是不工作。

坐在自己的位置，看着黑色的屏幕，陈重可以看见自己坚毅的眼神和自信，深吸一口气，启动电脑，先打开微信，给爱人发了一条信息，说自己今天可能会晚点下班，对方很快回了句“注意身体，晚上会给你留汤。”后缀笑脸图。

陈重把刚才的思路又重新梳理了一下，然后打开思维导图，把自己的想法快速地填写在上面。

一个小时后，思维导图已经填完了，但是这里面的内容可能都是陈重的思维碎片，还要经过再次处理才能形成完整的提纲。

这里的知识碎片，字体是一致的，但是里面的字的大小和颜色却不一致，如果放大一些，从远处看，就像陈重在创造一幅画一样。

这就是陈重的工作习惯，每个在职场比较成功的人都会有自己的好的职业习惯，陈重也不例外。在这里，陈重用了很多颜色进行了标注，用颜色区分问题的严重性，比如红色是最麻烦的问题，绿色可以轻松地解决，字体的大小也是，字体越大说明越要尽快解决。

陈重清晰地知道摆在自己面前的难关是什么。两个系统的合并，利润不同，原有的薪酬体系也存在差异。摒弃以往的年度总结模型，现在陈重要做的，不是看见这些困难和问题，而是要用一套方案来解决今年以及以后的年度工作总结，并且设计出完善的绩效考核体系。一个头两个大，想着想着，陈重就想砸键盘，但是又不能，砸坏了今天就没得玩了。

怎么办，怎么办，只能自己继续想，总有解决的方案的。

陈重依然是陈重，当他遇到问题，他不怕，当他找不到答案的时候，他有他的办法，这个办法还是他在职场的师傅教给他的。

记得有一天，陈重的师傅问了陈重一个问题，假设在一个房间里，这个房间里的物品都失重了，飘在半空中，房间的主人为了防止所有的物品都飘到天花板上，用很多看不见的丝线将物品拴在了一起，而你却不知道，我让你去房间里拿一个物品，当你打开这间房的时候，你的第一反应是什么？

陈重当时思考了半天，说自己会先往后撤退，然后看清楚整个房间的情况，找到需要的物品，再想办法拿到这个物品。

陈重的师傅对陈重的评价是谨慎有余，魄力不足，可成事，但不能成业。陈重的师傅最后告诉陈重，未来在职场上不管遇到什么样的问题，再难的问题都会有解决办法，但是记住在很多难题面前，不要怕，遇到一个先解决一个，也许当你解决一个问题后，会面临其他问题，但是你要记住，当你解决一个问题后，你就少了一个问题，当你把所有的问题都想清楚后再行动的话，可能这个时候又会出现新的问题了，因为很多时候，问题的根本是时间。

就像这个房间一样，用师傅的办法，其实很简单，看见这些飘浮的物品，不要怕，不管三七二十一，在自己能力范围内先抓到一个，也许这个物品与其他的物品是相连的，这个时候你可以抓到第二个物品，只要你在这个房间里，只要你在行动，你就一定能找你想要的物品。

不知道什么原因让今天的陈重又想到了师傅当年教给自己的办法。这个办法可能真的很有用，陈重现在面临的就是这样或那样的问题。问题太多，千头万绪。

好吧，先解决一个是一个，想想自己现在要解决什么问题，最直观的就是年度工作总结的通知，那好办啊，先写个年度工作总结通知，格式嘛，以往房地产开发和商业运营两个集团的工作总结的模板都是一致的，这回合并了，自然也是要一致的，根本就不用改。

陈重将这个方面作好记录，把表格和通知都拟好了，放在一边，工作总结通知写好后，自然是直接领导进行评分，然后是间接领导评分，这个都没有问题，现在遇到的问题是以往总监级及以上的员工都要进行述职，现在如果把这些人都放进去，那么数量上肯定是大的，但是解决的办法也不是没有，现在自己就可以想到两种，一种是把总监级别的员工拿掉，直接到总经理级别才可以进行述职，另外一种是把述职的时间进行缩短，以往述职的时间都是在 40 分钟左右，现在可以把时间进行缩短到 15 分钟到 20 分钟，这样的话，可以在述职的提问环节进行再次设计，比如一些关键的数据要事前提供，这样就可以减少提问时间，等等。

想到了这么多，陈重自然都进行了记录，关于述职的问题，可不是他陈重自己能决定的，这个是要请示领导的。不过，不管哪种方法都是可以进行操作的。

工作总结、年度述职的最终结果，将会是合融集团年终奖金分配的关键应用，但是这个绩效结果的应用，也是要分很多方式。陈重想要尽可能把这些方式都进行罗列，领导们根据自己的喜好进行选择，换言之，就是带着答案提问题去。

到底有多少种方式呢？陈重在笔记本里进行罗列着。例如，将所有的二级组织进行统一排名，然后强制分布，进行奖金分配；另外就是将所有二级组织分为业绩组织和职能组织，进行强制分布，奖金分配；最后是分三个模块，商业、开发、总部职能中心，三个模块分别排名，进行强制分布，再进行奖金的分配，这是陈重推荐的方式。

就这样，陈重将自己能想到的问题及这些问题的答案进行详细的记录，然后将这些问题进行了汇总，他准备第二天上班后，直接找吴韵帆进行汇报，不过可能不是第二天了，是今天，因为现在是夜里1点了。陈重伸了伸腰，然后检查了一下文件，关电脑回家。到地下车库取车的时候，正好碰到了李鉴冰，两个人笑着打着招呼，李鉴冰还说，这个时候在街上看见刚下班的人，不是倒夜班的工人就是HR啦。说完两人又是哈哈大笑一番，陈重上车前还提醒李鉴冰路上慢点开，躲着点大车。

第二天一早，没有人迟到。上班后的半小时，陈重敲开了吴韵帆办公室的门，这回他是听清了里面的“请进”，才推门进去了。

进了门先喊“吴总”，然后才坐在吴韵帆的对面。

吴韵帆心思一动，陈重改变的速度很快，昨天和今天完全是两个人，这样的人，太危险了，改掉毛病其实不可怕，可怕的是自我内窥，发现自己的毛病，然后果断地进行改正。陈重明显属于后者，而且吴韵帆发现陈重这次给的方案，写得非常清晰，而且解决办法要么是公司现在固有的，根本不需要进行改变，要么就是陈重准备多角度解决方案，等待自己选择。对于这个汇报，吴韵帆是非常满意，几个待解决的问题，说心里话，吴韵帆也没有想好怎么解决，这个时候吴韵帆总是问得很细致，然后做好记录，接下来就是自己再想想，给你个时间点，告诉你什么时候回复你。

当第三次见面的时候，吴韵帆很准确地告诉了陈重自己的选择，并给予了相应的解释，陈重发现吴韵帆在绩效方面很专业，但是另一个感觉，就是吴韵帆不应该这样熟悉绩效啊，自己一时半会儿没有想清楚。

吴韵帆在安排好绩效工作后，又给陈重安排了个重要工作，不是别的，年底了，员工要有一部分进行晋职了，晋职除了要看上一年度的工作业绩，也要听听其他的声音，业绩与品德是两条腿，少了哪条都不行。这次吴韵帆的安排是在公司职务为经理级别的，都要进行 360 度测评，并先让陈重出个方案。

对于这个方案，陈重很有把握，上午安排的，下午就有方案了，而且直接送到了吴韵帆的手里。吴韵帆也知道这份资料对陈重来说不过小菜一碟，但是吴韵帆依然没有马上回复陈重是否可以操作了，还是像以前一样，先放在自己手里，不过这次不同的是吴韵帆没有告诉陈重什么时候给他结果。

陈重离开后，吴韵帆仔细阅读着 360 度考评内容，判断没有问题后，吴韵帆开始陷入沉思。

吴韵帆在想如何利用这次360度考评处理陈重。朱元璋的书已经看了一部分了，发人深省的内容还是有很多的，但是总感觉这些内容都是现代的人臆想出来的，虽说这样，却还是非常有用的，有些地方是完全可以加以利用的。

在吴韵帆的心里，首先是没有想把陈重挤出合融集团的。但是这个人不能放在自己身边，不管是以前的表现还是最近的表现，这是两种极端，这样的情况就是隐形的炸弹，说不上哪天就炸了，伤及自己就不好。解决问题最好的办法就是直接扼杀在概念里，连萌芽都不要出。

360度测评，是从自我、上级、平级、下级的角度对一个人的判断，表面上看来很公平，其实这里面可操作的地方还是有很多的。

首先要想一个人的分数高或者低，你只要控制好这三方面中分值占比最高的即可，对于陈重而言，他的上级是自己，自己只要自圆其说，想给他什么分数就给他什么样分数，其次是平级的看法，如果这个人升职了，这些平级对他的态度就将决定这个人在新的岗位上能坚守多久。

下级的意见可以参照，但是不是最重要的，不过下级的意见可以从侧面了解这个人的管理能力，领导能力等。

要想让陈重的分数低，就要看他的平级会给他打多少分了。

下班前，吴韵帆正好要和李鉴冰谈招聘总结的事情，谈得差不多就聊到了李鉴冰下面的季菲菲和甄开心的情况了。

“鉴冰，你下面的季菲菲怎么样？”吴韵帆无意甩出来的一句话。

李鉴冰多聪明啊，在分析吴韵帆为什么要聊到季菲菲，难道吴韵帆也知道了季菲菲的身份了，要借着 360 度测评的机会，给季菲菲再调个职位，还是这话只是个引子，吴韵帆想说点其他的？“吴总，我们小季还是很不错的，基础工作非常扎实，而且自己还有想法，爱动脑子，对事物的敏感度也够，可以培养，未来前途无限。”

吴韵帆笑了笑：“鉴冰啊，你这一堆官话等着我啊，不过通过我这段时间无意的观察，发现她的表现确实跟你说的一样，如果可能的话，未来可以给他调整个职位，机会还是要给下面的人的，我们这些人还应该有更多事情要去做，另外，招聘的工作不能停，我们明年会有大量的项目进行操作，没有人是不行的，而且你要观察一下咱们人力资源中心，有哪些员工可以外派的，出去外地拿项目，其中最关键的岗位就是财务和人力资源了，这两个方面最好都是我们自己培养的人。”

“吴总，这个我明白，其实我也在想这个问题，现在的人力资源中心，其实能派出去的人不多，我们的人才培养落实还不够，如果现在出去，能独当一面的人其实不多，赵顾、陈重、段续三个人都可以。”李鉴冰说完这些后，就没有说自己和季菲菲，李鉴冰心里在想，吴韵帆什么意思，想把我弄走，还是想把季菲菲弄走，想想是季菲菲的可能性比较大。你有想法可以，但是我也有办法，我就是不说季菲菲，看看你吴韵帆的反应。

吴韵帆依旧笑呵呵，自然是能听出李鉴冰话语背后的内容，“鉴冰啊，人力资源工作不好做，但是我们要有信心把它做好，低头做事是最最容易的了，现在呢，先不用拍脑袋告诉我谁能派出去，你回去好好思考一下，再给我结论。”

李鉴冰心里暗暗竖起了大拇指。

“还有啊，鉴冰，我让陈重在做经理级及以上岗位的360度测评，等结果出来后，我会给你看看，可能会对在调整招聘计划上有帮助。”吴韵帆冷不丁地冒出了这句话，李鉴冰没有听明白里面的深意。

“另外啊，你多观察一下咱们中心的这些个员工，除了我之外的其他人，你想想哪些人最近的状态不对，在这次360度测评的过程中，要坚持原则，好的就是好的，不好就是不好，如果从我们这个层面就开始考虑这个关系或那个关系的，集团就没有前景啦。”吴韵帆的一番话让李鉴冰心里一阵促动。李鉴冰心想难道吴韵帆也知道了季菲菲和于孝川的关系啦。再一想，不能，他还没有傻到这个程度，不会同于孝川对着干的。想不明白，暂时不能想了，回去再说。

“吴总，放心，我这个人就是个做事的人，其他的心思不会有，我会坚持我的原则，您放心。如果没有其他的事情，我就回去准备其他工作了。”李鉴冰主动结束了这次工作汇报。

从吴韵帆的办公室到自己的办公室，李鉴冰不知道自己是怎么走回来的。他在自己的工位上把吴韵帆和自己说的话反复推敲了一遍，感觉吴韵帆所说的都是正常的，没有哪些异常，但李鉴冰却又明显能感觉到吴韵帆这是话里有话，但是寓意指向何方呢。

李鉴冰想不清楚的时候，他绝不会作决定，尤其是在波及很多工作的核心内容的时候，他是不会动的。但是今天吴韵帆和自己谈话，除了自己的本职工作，提到最多就是这次360度测评，如果跟这个有关系，那很简单，进行模拟操作即可。

李鉴冰自己在想，如果是自己作答在360度测评的时候，自己要评价谁。作为下属，我会要评价吴韵帆，如果按照自己的设想客观地评价他，可能吴韵帆只能达到合格，但是由于吴韵帆刚刚提升，很多方面还要熟悉，所以这个成绩可能要再上个台阶，变成良好，可能明年对他的评价会是优秀，这是客观的。

作为上级，我要给季菲菲和甄开心作评价。这两个人按照能力来讲，还是不错的，自己都会给她们中等偏上的分数，但是你说要做得有多好，谈不上，可说做得不是很好，那是不可能的，起码比其他条线的人好很多，努力很多，李鉴冰有时候护犊子的性格还是比较明显的。还有就是季菲菲的事情，吴韵帆应该不知道季菲菲的秘密，连自己都是刚刚知道，别人应该不知道。那么剩下来的就是这些平级，这几个人中，吴韵帆可能最忌惮我，但是目前来看，我对他的威胁不大，赵顾就更不可能成为吴韵帆的威胁了，陈重也不会是，人家是心腹啊。

正想到这儿的时候，听到了敲门声，李鉴冰调整了一下自己的状态，门外的人已经走了进来，不是别人，正是赵顾。

“李总，忙不？”赵顾微微一笑。

“这几天不忙了，胡思乱想呢，来，赵总坐。”李鉴冰手指着旁边的沙发，因为这个时候赵顾来找自己，手里没有带笔记本，明显不是谈工作的，是谈心的，谈心自然要放松些，不应该面对面坐着，那样李鉴冰不是很喜欢。

两人落座，茶几上有茶具，李鉴冰开始泡茶，高山古树茶，口味纯正，香气迷人。赵顾也没有先开口说什么，就这样看着李鉴冰泡茶，接过李鉴冰的茶，先闻了闻，说了句，“香，还是李总的茶香。”

李鉴冰看赵顾不开口，两个人也不能就喝茶，喝个把小时，然后请人走，这就没意思了。“赵总，茶虽然香，但工作或者心里有事情的时候，喝这个茶恐怕就是另外的味道了。”

赵顾身体没有动，只是眼睛斜视了一下李鉴冰，说：“李总，这是话里有话啊，看来你是知道我心里有事啊？”

“赵总，你心里有事没有事，要看你刚才从哪里来啊？如果是从上面下来，可能就真的有事啊，要是从别的地方来，我恐怕就猜不到了。”李鉴冰玄之又玄地说着。

赵顾看见李鉴冰这样，就感觉没有劲，说：“行了行了，看见你这样就没劲，你现在和老吴一个样，整天神神叨叨的，没事就打哑谜，累不累啊？”

李鉴冰看见赵顾不玩了，自己也就不绷着了，笑道：“行了，不和你开玩笑了，我这也没有办法啊，有人喜欢故弄玄虚的，喜欢让别人猜他，你说怎么办啊，你自己要把自己带入场景，时间长了，自然就能体会对方的含义了，就知道对方说东边的事情，其实是让你干北边的工作。你刚才是不是也从吴总那边出来。”

“你啊，不应该做人力资源，你应该去做心理医生，把人猜那么透，你不累啊？”赵顾鄙夷地看着李鉴冰。

“其实我也想过这个事情，但是更多的时候，我还是真的喜欢这个职业，当初选职业的时候，我的选择还是比较多的，比如说律师、销售员、老师，等等，最后还是选择了人力资源，很多时候想来，自己还是选对了，我还真爱这个职业。”李鉴冰感慨地说着。

“得得得，不听你感慨，说说正事吧，刚才我从老吴那边出来，总感觉老吴怪怪的，说的话前后都不搭着，听不懂，但是我感觉这里肯定有事，我是想了半天，都没有想明白，所以找你聊聊天，李总给咱指点迷津一下吧。”赵顾这个时候说得非常认真。

李鉴冰一听，心想吴韵帆可能对赵顾说的和自己的内容会差不多。“赵总啊，吴总和你都说什么了啊？”

“说什么？一开始也是例行问了问我去年的总结怎么样了，然后就是明年的培训计划，我和他说了一下思路，他想了想，也只补充了一些内容，我认为都是无关紧要的。但是这些说完，他就说陈重在弄什么360度测评，到时候结果出来了还要我看一下，针对反馈的结果再修改一下培训计划，或者也可以做个专项培训方案。这些我都没有问题，但是接下来的话我就没有听明白了，他说什么我们人力资源中心的人要认真对待这次360度测评，秉持公心，对员工作出客观的评价，而且还要我做个务虚的培训，并且还让我点评一下咱们中心各个人怎么样？我一时语塞，就回复他要回去想想再向他汇报。就这样我就出来了，我回到办公室，想了半天了，也没有想明白他这是什么意思啊？”赵顾晃着脑袋说着。

“赵总，在你进来的时候，我就猜他可能也对你说了这番话，看来我的判断是对的。”李鉴冰看着赵顾说。

“啊，老吴也跟你说同样的话啊，那你想明白了吗，他说的啥意思啊？”赵顾心想这次找对门了，看看李鉴冰怎么分析的。

“吴总说的啥意思，说心里话，表面意思，肯定要公正严明地处理这次 360 度测评。但是我总感觉吴总是想通过这次 360 度测评来做点文章，只是这个文章是什么，我还没有想清楚，按照我之前的分析，有两个方面，一个方面是跟他自己有关系的，他想稳定自己的位置，必然要借此次机会来表现一下自己，所以我们在给他做 360 度测评的时候，要注意，尽量要给他正常偏上的评价，如果这次他的成绩不理想，我想我们在以后的一段时间里，日子也别想好过，另外，绩效那边说的什么匿名填写，我想那肯定是胡说八道，想知道谁给自己的评价，只要给陈重打个电话就好了。”李鉴冰慢条斯理地说出了自己的分析。

赵顾边听边点头，还不时地说“对的。”

“我刚才说的是正面，但是这个事情，我想还有另一面，那就是阴暗面，吴韵帆肯定是想借这次 360 度测评，达到自己的预期，比如处理部分员工。除了外面的部分员工，我想更多会是我们中心的员工，但是你不用担心，他处理的人应该不是你和我，如果是你和我的话，就不会是这番言语了。”李鉴冰看着赵顾眼神里的鄙视，说“你别不信，赵顾，你听我讲完，我问你，如果吴韵帆这个人想把中心都换成他的嫡系，你认为他有那么多人吗，我的答案是绝对不可能，因为他手里没有人，而且有很多人专业度不够，但是另一个事情我就没有想清楚，在我们这个级别上，除了你和我之外，只有陈重了，但是陈重是吴韵帆的嫡系啊，他又不可能对付陈重啊。”

刚才的话提示了赵顾，她立马喊道：“停，你刚才说什么？你说陈重是吴韵帆的嫡系，你说吴韵帆不想处理我和你，那在我们这个级别的人，是不是就安全了，我想老吴没有这么简单，刚才你的提醒，我好像有点想明白了。”

李鉴冰也斜着眼睛看了一下赵顾：“你明白了？明白什么了？你的感觉难道是说问题的关键在陈重身上。”

“对，你说的没有错。”赵顾斩钉截铁地说着。

“哦，我好像也想明白点了，陈重在相当长一段时间内，是以功臣自居的，这样的话，吴韵帆对他的不满是自然的，对于你身边经常站着一个骄傲的人，你心里是什么感受，肯定是要多讨厌就有多讨厌了，当一个没有价值的物品，而且还是你讨厌的，你会怎么办，扔掉，就这么简单。不过呢，很多简单的事情必须复杂化，这样才能掩盖真相，吴韵帆准备借刀杀人。”说完这些李鉴冰重重地点了一下头。

“李总，你说有的时候我也听不懂，什么简单的事情必须复杂啊？”

“嗯，举个例子，我们每年都会组织校园招聘，你有没有发现校园招聘的过程中，学生的简历制作会非常美观，而且纸张非常好，版面设计也好，但是对于我们来说，这些都不重要，我们要看的无非就是学生是哪个学校的，学什么专业，有过什么成绩，再多的就是老家是哪里的。”李鉴冰慢慢道来。

“对的，我们当时看的就是这些。”

“所以说，学生的简历外部表现形式是什么样的，其实不重要，重要的是内容。有一次公司带去的打印机坏掉了，我就去学校附近的打印社打点材料，到了那里我才发现，那里各种各样的简历版本贴满了墙，我这人嘴欠，爱问，就问了一下价格，那个老板斜着眼睛看了我一下，说 150 元一份，提供简历的编写设计，外加彩打铜版纸 15 份。”

赵顾听到这里，嘴张得老大，“什么情况，就 15 份铜版纸打印要 150 元，你让他去抢好了。”

“听明白了吗？如果这个老板只设计简历模板，然后用普通的纸打印，你说他敢管人家要 150 元吗？肯定不会，所以他就把这个事情进行了复杂的处理，增加了很多无用项，然后再加上一些说词，钱就赚到手里了，我们的吴总肯定也是这样想的，所以我们还要想想怎么办？”

“什么怎么办，他想怎么样就怎么样，我就不想让他摆布，他让我往东，我就偏往西，反正是匿名的，看他能把我怎么样？”赵顾有些赌气地说着。

李鉴冰看着感觉不对，说“停停停，打住，别冲动，冲动是魔鬼，我们要理性看待这件事情，我刚才也想了一会儿了，我的想法是顺其自然，按照自己的本心去做这件事，不要想着坑陈重，我们在工作中，对陈重越客观越好，他做得好的地方要提出来，做得不好的地方，也要说出来，我们只做过程，对于我们来讲，完成过程中的行为即可，对于结果，那是公司的事情，吴总想怎么处理，那是吴总的事情，与我们无关，做好本职工作即可。”

“不好意思，李总，刚才有点冲动，你说的是对的，那我们就遵从本心，结果是领导们的事情，暂时与我们无关。”赵顾边说边调整了一下坐姿。

两个人开心地交换了意见，收拾收拾，下班了。

考评的结果很快就出来了。

陈重看着这个考评结果，心里一万个恨啊。为什么啊？我怎么是最低呢？得罪谁了？……陈重从看到这个结果已经超过 3 个小时了，他没有出自己的办公室，也没有说一句话，他想不明白的事情太多了，自己怎么就变得最低了，他也查看了所有给他打分的人，毕竟后台在自己手里，谁给自己打多少分，自己确实是知道的。原本陈重猜测是吴韵帆给自己的评分太低，结果发现吴韵帆给自己的评分也不低，在吴韵帆评分的范围内，自己的成绩是排在第二位的，可能吴韵帆也要防止别人说他闲话。

其他人，李鉴冰和赵顾给自己的成绩也还好，虽然不高，但还算可以啊。

陈重没有想明白的事情太多了。

但是没有办法，这就是结果。

快下班的时候，陈重接到了吴韵帆的电话，问 360 度测评的结果怎么样了，好了没？陈重却说还没有好，等好了，马上给您送去。

这时的陈重脑海里显现出想隐藏这一切的想法，在喘着粗气，最终冲动还是打败了理性。

吴韵帆接过陈重递过来的文件后，并没有马上看，而是放到旁边。“陈重啊，这份报告一会儿我再仔细看，但是我还想看看相关人员是怎么打分的，原始资料也给我一份。”

陈重心里咯噔一下，他在想怎么能不让吴韵帆看这个数据，想了想说：“吴总，是这样的，原则上，您是我领导，我应该给您看，但是公司有规定，像测评的这类原始数据只有总裁级别的人员才能调出来，而且只能调自己直管条线的人员，其他人理论上是没有权限调资料，我这没有办法给您啊。”

吴韵帆听了陈重的话，心里一直在冷笑，说“陈总，我呢，不想看我自己的，只想看看你们的，看看给其他人评价是否客观，我也要分析他们为什么这样打分，我也是想知道，你们的成绩和问题都在哪里，为后续的工作看看方向，没有其他意思。再说，我只要不看我自己的，我想这应该不能算违规吧，还是我当着你的面给于总打个电话，然后再走个流程审批一下，你就会给我了，还是你现在就给我，我看完就还给你，你怎样销毁，你自己决定，你看怎么样。”

陈重心想这个不能给他，如果给了，他一旦仔细核对，我就死定了，但是如果他真的给于孝川打电话，结果他还是能看到，到时候我就更被动了，给还是不给啊，给与不给，自己都难做啊，都是错啊。“吴总，你就别为难我了，我这也难啊，要不这样，您走个审批流程，请于总审批一下，你要什么我就给你什么。你看行吗？”

这时的吴韵帆脸上已经不像以前一样总带着笑容，脸色不是很好看，自带的怒气，严厉的眼神盯着陈重，看得陈重自己心里都在发毛。“陈重，真的要这样吗？让我去找于总审批？你再想想。”

陈重的心现在就像被别人捏着，难过得不得了，怎么办啊，给吴韵帆，自己得犯错误，不给的话，吴韵帆会记恨自己，怎么都是死啊。不对，还有机会，给他，给他的过程中自己做好视频记录，这样的话，他就有把柄在我手里了，到时候能拿我怎么样。人啊，不能犯错误，犯错误的人就不是人了。

“吴总，那这样吧，我一会儿把资料给您，但是你当场看完，我就收回来，在碎纸机上碎掉，您看行吗？”陈重很为难地答应着吴韵帆。

瞬间吴韵帆的微笑回到了脸上，说：“老陈，你别为难啊，我呢就是想看看，其他没有什么的，也有点好奇心，刚上任嘛，想知道大家是什么样的，那这样，你去拿资料，我来看看这个测评结果，一会儿我们再聊。”

陈重出了吴韵帆的办公室，回去准备资料了，而办公室里的吴韵帆心里在低沉地咆哮。等陈重再次出现在吴韵帆的面前时，吴韵帆正在看360度测评内容，发现自己的排名其实还是比较不错的，看来平时人缘好，在考评的时候，成绩自然不会太差，就像以前谁说的，爱笑的女孩子运气都是好的，但这里特指的漂亮的女孩子，难看的除外。而陈重的成绩也在中等，吴韵帆心里在嘀咕，不应该啊，给了几个人暗示了，应该都听懂了啊，不对，一会儿要看看详细的资料。

陈重的手死死地捏着几张纸，身体比以前也僵硬了许多，当他把资料递给吴韵帆的时候，也把自己另一只手里的手机倒扣在了桌面上。

“吴总，这是您要的，今年360度测评资料里人力资源中心的几个人的评价内容。您看完后，我马上就销毁。”陈重好像每个字都说得很清楚。

吴韵帆依然面带微笑，说：“好的，我马上看，看完就还给你。”接下来吴韵帆快速地翻看着其他人对陈重的评价，因为刚才已经知道了他的成绩是在中间的，所以这些资料对于吴韵帆来讲比较重要。简单地看完后，吴韵帆就发现了问题，陈重的成绩不可能这么高，里面的数据有问题。接下来，吴韵帆打开抽屉，直接就把刚才的资料扔进抽屉，锁上了，然后就还给了陈重，陈重也马上用碎纸机进行了粉碎。

一切都很平静，但是又都不平静。吴韵帆两只眼睛直直地看着陈重，说：“陈重啊，360度测评我看了一下，你的成绩不对啊。”吴韵帆略带关心地说着。

“吴总，不能啊，我是认真核对的，这个成绩对的啊，您是知道我的，我在工作上可是非常努力的，而且大多数人对我都是很满意吧。”陈重有些委屈地述说着。

吴韵帆心里有种好笑的感觉，说：“这样吧，你呢，回去先想想这份资料怎么用，然后再核算一下，再来找我。”

陈重这时一愣，“吴总，刚才不是说你一看完就把资料还给我的吗？你现在锁在抽屉里，这样不好啊。”

吴韵帆脸色顿时很严厉说：“我锁起来，你难道不知道为什么吗？你心里应该清楚的，回去再想想，尤其在晋职晋薪方面，还有，也把这次考评的结果资料发给鉴冰和赵顾看看，因为这个对他们其实也是有用的，让他们想想怎么使用。”

“好的，吴总，我知道了。”陈重有种不好的感觉，因为他发现吴韵帆没有和他说后面的事情，他想怎么调查，想怎么处理自己。

情绪非常失落的陈重回到办公室，很快就把资料发给了李鉴冰和赵顾，然后就是坐在沙发上发呆，其实他在设想如何让自己摆脱困局。

想要让自己在这件事情上完全摆脱困局，可能不现实，如何降低对自己的惩处，才是最终的出路。想要自己的惩处变小，要么自己主动承认错误，但是可能不太好。或者先把优秀员工的奖励先放大，关注点导流，忽略自己，可能过段时间就好了，而且合融在工作方面往往是奖勤的，怎么设计呢，还要再细想想。还有，想把这件事做好，可能还要借助其他人的力量，可是陈重想了一圈，发现在这个公司除了吴韵帆之外，自己好像没有什么朋友，甚至都没有想到能帮自己说话的人，想想真是失败。有的时候，当你可以翘尾巴的时候，最好夹着，当你夹着尾巴的时候，最好别让别人看到。

没有办法，这件事情，最后只能寄希望于吴韵帆身上了。想到吴韵帆，陈重把自己的手机握得紧紧的，因为里面是吴韵帆私自查看360度测评资料时，吴韵帆和陈重的对话录音。阴厉的眼神中，看到的是最后的鱼死网破。

而这时的吴韵帆，心情却是极好的。不过，他很快就把这种喜悦隐藏了起来，因为陈重还没有离开，一切就都还有可能。

为避免夜长梦多，吴韵帆准备了资料，直奔于孝川的办公室，吴韵帆向于孝川汇报了陈重的问题。把自己如何向陈重索要资料，陈重是如何给自己看的过程详细说了一遍，最后说了一句："于总，对于陈重的设想和他的行为确实是一致的，不过呢，我的想法还是把他调到城市公司去，毕竟这个人的能力还是有的。"吴韵帆没有把陈重在数据上造假说出来，毕竟他不想把最后的路都给人堵死。

于孝川想了想，没有马上回答吴韵帆的问题，而是向吴韵帆提问："韵帆啊，如果把陈重调到城市公司，有几个问题要提前解决。首先，把他调到哪个城市；其次，谁来接替他的工作，是人力资源中心的其他总监，还是在外面继续招聘个总监；最后，如果陈重不愿意去城市公司，怎么办？你是妥协，还是处理他？这些问题你怎么解决？"

其实吴韵帆能想不到这些问题吗？他肯定想到了，要不然，以吴韵帆的个性，他是不会轻易找于孝川汇报工作的。他说："于总，我的想法呢是这样的，陈重调到浙江，那边还是缺个人力资源总监的，我想我能说服陈重，毕竟浙江离他家也不是很远。至于陈重的工作谁来接，我的想法，我们集团的绩效管理短期内其实是不会有大的优化工作，所以可以让现有的总监来接一下，我中意的人选是李鉴冰。我看过他的简历，选他的原因是李鉴冰这个人还是比较全面的，对于绩效也有自己的想法。选李鉴冰的另一个原因是，李鉴冰的下属季菲菲能力其实很强，只要稍加培养，就可成才，未来是可以独当一面的。”

说到季菲菲，尤其说到季菲菲的工作表现还不错，于孝川心里还是很高兴的，再听吴韵帆在人员调配的设想，于孝川其实在想未来季菲菲是可以领导招聘条线的。这个时候自己是没有理由说反对的。只能提醒吴韵帆要事前和李鉴冰进行沟通，沟通顺畅后，再找陈重谈话。

在得到于孝川的首肯后，吴韵帆笑呵呵地走出了于孝川的办公室，于孝川也在办公室高兴着。

第二天一早，吴韵帆亲自去找李鉴冰，这个时候吴韵帆还是知道要放下身段的，求人家嘛。

李鉴冰看见吴韵帆笑呵呵地来，心里就在嘀咕，这一大早他找我干什么啊，所谓无事不登三宝殿，这看来是肯定有事啊，而且事情应该还不小。

想的时候，李鉴冰站了起来，“吴总，您有事叫我一声就好，来我这里，让我多不好意思啊。”

“我今天早上特别想喝茶，咱们这个楼层里，只有你这里有好茶叶，我这不就厚着脸皮来了吗？”吴韵帆也是边说边乐呵。

两个人呢，没有坐在办公桌的对面，而是坐在了沙发处，李鉴冰开始烧水，准备泡茶。既然人家说了是来你这蹭茶的，自然要把口感纯正的茶拿出来了，不过李鉴冰也是知道吴韵帆是不懂茶的，所以拿的茶是吴韵帆以前在自己这边喝过的比较好喝的高山古树茶。

烧水壶在“嘶嘶”地烧着，这个时候在办公室里也只能听到烧水的声音，两个人各怀心思，都在想着对方。

尴尬还是要打破的，一系列的动作后，一杯醇香的茶递到了吴韵帆的身前，“来，吴总，尝尝这个茶怎么样？”

“好好好！”吴韵帆边说好边品着茶：“李总啊，还是你懂我啊，这个茶就是我上次和你说的，我喜欢这个味道。”

“你喜欢就好，一会儿给你带一罐回家，在公司想喝茶的时候，来我这里，我们还能交流一下，回家的时候想喝茶，自己泡吧。”李鉴冰特意说了一句交流。

吴韵帆也是听出了这层意境。吴韵帆依旧笑呵呵的，说道：“还是李总懂我啊，我今天早上过来呢，有几个事情想和你聊聊，这几个月来，我感到了无比的压力，每天睡觉就像婴儿一样，睡一会儿，醒一会儿，还不错，我还会自我调节，打打网球什么的，但是事情一件接着一件，尤其是年底、年初。昨天你应该也收到了陈重的邮件了，我想先听听你对这次 360 度测评的看法。”不知道为什么，吴韵帆没有把话说完，而是先抛了个问题给李鉴冰。

李鉴冰内心这个气啊，心里想吴韵帆当领导是绝对称职的，官场上的手腕多得很啊，“吴总，对于360度测评，我的想法是这样的。首先它只是个工具，在产生结果后，需要进行反推，如果在流程上没有问题，那么这个结果应该是有一定的参考意义。面对这个结果，我想我们要有行动，要不然以后我们是没有办法继续操作了，甚至其他部门对我们人力资源中心也都会产生怀疑，部门的威信力是不容有失的。至于现在这个结果，我昨天也看了，其实大部分和我的印象是匹配的，所以我个人对这份结果还是认同的，接下来就要看陈重后续的工作如何开展了。”

吴韵帆听着李鉴冰的分析，这时他脸上已经没有了笑呵呵的样子，感觉很严肃，也能看出他很有压力的样子。吴韵帆说：“鉴冰啊，结果你也看了，陈重的成绩排到了中间，但是我如果告诉你他的成绩他自己造假了，你怎么看？”

李鉴冰心里又一次郁闷了，心里在想，陈重是你的人，这回成绩，等等，什么？造假！你这是什么意思，陈重成绩造假，让我给你出主意，怎么摆平这件事，我哪有什么办法啊，你自己挖坑，然后自己掉进去了，让别人把你捞出来，怎么天下的好事情都是你们家的啊。不对啊，上次吴韵帆找我谈话，其实他内心里是不认可陈重的啊，难道吴韵帆今天找自己谈话就是为了想处理陈重，想着想着，李鉴冰心跳快了不少，脸上也出现了些许的红晕。

“吴总，陈重出了这么大的事情，其实还是比较遗憾的，首先我个人认为他还是非常有能力的，在公司是可以做很多事情的。但是这个人呢，如果有这些毛病的，可能是因为这个岗位造成的，毕竟他一直都是在管控的条线上，对于陈重，我个人没有太好的建议，这个还是要根据公司在管理上的倾向来定。”李鉴冰还是和以前一样，把利弊进行了分析，结果就不说了，那不是他的职权范围，其实吴韵帆也理解，这个时候真的不好说什么，对和错都是 50% 的概率。

“鉴冰啊，那如果公司处理了陈重，先不管怎么处理，你认为谁来接替他的工作或者他的岗位呢？”吴韵帆提出的这个问题在李鉴冰的职责范围内，他是必须要回答的。

李鉴冰想了想，说：“吴总，如果处理了陈重，这个岗位的人选可以从几个方面来参考。首先是外部，我会在最短的时间内进行招募，但是能达到陈重这样条件的人，市面上不多，有好的人选，对方的平台也不会比我们差，要想选到好的人选，不容易；其次是内部，陈重自己条线的人大多是大学生一类，虽然有一定的经验，但是不具备相关条件，那么其他条线，段续刚刚提上来，也不合适，我这边的季菲菲可能对招聘还是不错的，但是绩效可能扛不住。接下来就剩我了，我对绩效倒是了解一些，但是我调过去的话，招聘会出问题，而且今年的招聘压力很大。最后就是您进行降维直管。这是我的想法。”

吴韵帆听了李鉴冰的分析，感觉李鉴冰说的还是比较靠谱的。“鉴冰啊，你的分析还是比较客观的，合融的用人政策最好还是内部培养，所以外部招聘可能要放一放。内部的人选呢，其实，我还是比较倾向你来，不过刚才你也说了招聘工作今年的压力比较大，但是我的想法是由你来兼管绩效条线，因为绩效的政策在今年应该不会有大的变动，这样来讲，绩效条线只是日常的流程性工作，招聘还是你的工作重点，不过在招聘工作的同时，要加快培育新人，把有能力的人尽快培养上来，这样你才能担更重的担子，你的发展平台才能更大。”

“谢谢吴总对我的赏识，一切听公司的安排吧。”李鉴冰心想，可能吴韵帆已经想好这么干了，自己再反对就太不给面子了。这个时候最好的办法就是领导给什么，自己就接什么。

两个人又聊了会儿天，喝了会儿茶，吴韵帆起身离开。

出门的时候，两个人有说有笑，吴韵帆拎着一个小袋子笑呵呵地回了办公室。

送走了吴韵帆，李鉴冰马上把季菲菲叫进了办公室，很长时间没有出来。

吴韵帆搞定了李鉴冰，接下来就是要搞定陈重了，其实他还是有些惋惜，但是吴韵帆清晰地知道，成大事者必先果敢、坚毅。职场上，尤其是公司里不需要也不能有朋友。

趁着心情好，赶快和陈重谈谈吧。

吴韵帆在办公室喝了口水，就给陈重打了电话，让他来自己办公室一趟。

陈重今天非常没有精神，昨天晚上就没有睡好，还做了好几个不是很吉利的梦，早上的时候心里也七上八下的。

带着笔记本，陈重敲开了吴韵帆办公室的门，看见吴韵帆还是那副笑呵呵的脸，陈重心里不知道什么感觉，因为你根本看不到吴韵帆内心的世界，不知道吴韵帆心里想着啥，也摸不清吴韵帆今天的心情是好是坏。

“吴总，你找我。”

“陈重，来来，坐、坐。”吴韵帆依旧客客气气。

陈重打开笔记本，随时准备进行记录。

“陈重啊，关于360度测评的事情，对于结果的应用，你这边怎么考虑的啊？”吴韵帆没有说陈重造假的事情，而是问了其他问题。

陈重清了清嗓子：“吴总，是这样的，昨天我回去仔细思考了一下，首先还是要先定应用策略，根据以往合融的风格，我们都是对排名靠前的员工加大奖励范围，比如晋职晋薪，奖金系数增加等，对于排名靠后的主要是在奖金上做文章，做低奖金额度，进行谈话，接下来做培训测评。根据不足进行系统方面的培训，还有就是短期内不得晋升和加薪。主要是这些手段。”陈重说的这些处理方式也是他经过了很长时间想出来的，其实也是他接受公司处理的底线了。

吴韵帆自然是能听出来的，但是事情发展到现在，吴韵帆是不想让陈重留在自己的身边了。“陈重啊，你的这些方法原则上没有什么大的问题，但是这些都是过往的处理方式，现在集团进行了合并，这些办法可能要改改了，我们要给更多人机会，你自己也知道，因为合并，很多岗位都裁掉，对于员工来讲，机会小了很多，换句话说，我们已经发现很多有潜力的员工在考虑新的工作机会了，不是合融不好，而是这些员工看不到希望，同时公司高层也发现了很多问题，比如现有的中高层感觉死气沉沉的，都认为自己熬到了现在的职位，就可以享受后续的成果了，这是不可能的，如果那样，合融离倒闭就不远了。”

吴韵帆的一番话，说得陈重心都凉了，脸色已经变白了。吴韵帆也看出来了。

“陈重啊，你呢，也别太担心，我昨天也想了好久，毕竟咱们俩的关系在那里呢，别人我是不会管的，你我肯定会管的，对于你，我的想法是把你调到城市公司去做人力资源总监，现在离这里最近的就是浙江，而且浙江的张总还是我的好朋友，你在张总手下做，前途会比这里好，而且你也要争气，争气的话明年我把你再调回总部来。”吴韵帆把自己的想法和盘托出，告诉了陈重，他在等待陈重的回应。

陈重这个时候内心的血好像都静止了，左手死死捏着手机，他在想要不要威胁吴韵帆，让自己留下来，最后，还是放弃了，毕竟吴韵帆给自己留了后路，如果现在把事情做绝了，自己肯定好不了，因为成绩在那里呢，而且所有人都知道自己录了音，以后谁还敢用自己啊。陈重说：“吴总，谢谢你替我考虑了这么多，我服从公司对我岗位变动的安排，我去下面后也会努力的。”

吴韵帆心里的石头总算落地了，说：“陈重啊，谢谢你对我工作的支持，你放心，你去城市公司做得好的话，我肯定会把你调回来的，总部还是给你留着位置的，绩效条线我会让李鉴冰暂时兼管，不给他实职。你明白我的意思了吧。”

“谢谢吴总。那我回去准备资料，等公司的安排，我来交接。”陈重边说边站起身来，转身出了吴韵帆的办公室。

看着陈重离开，吴韵帆拿起电话，给浙江的张总打了个电话，告诉他会调个人力资源总监给他，但是张总在电话里好像心有不甘，吴韵帆劝说了好久，张总才勉强答应。

放下电话，吴韵帆依旧笑呵呵的，不过他在一直摇头，心里在想：陈重的日子不好过啊。

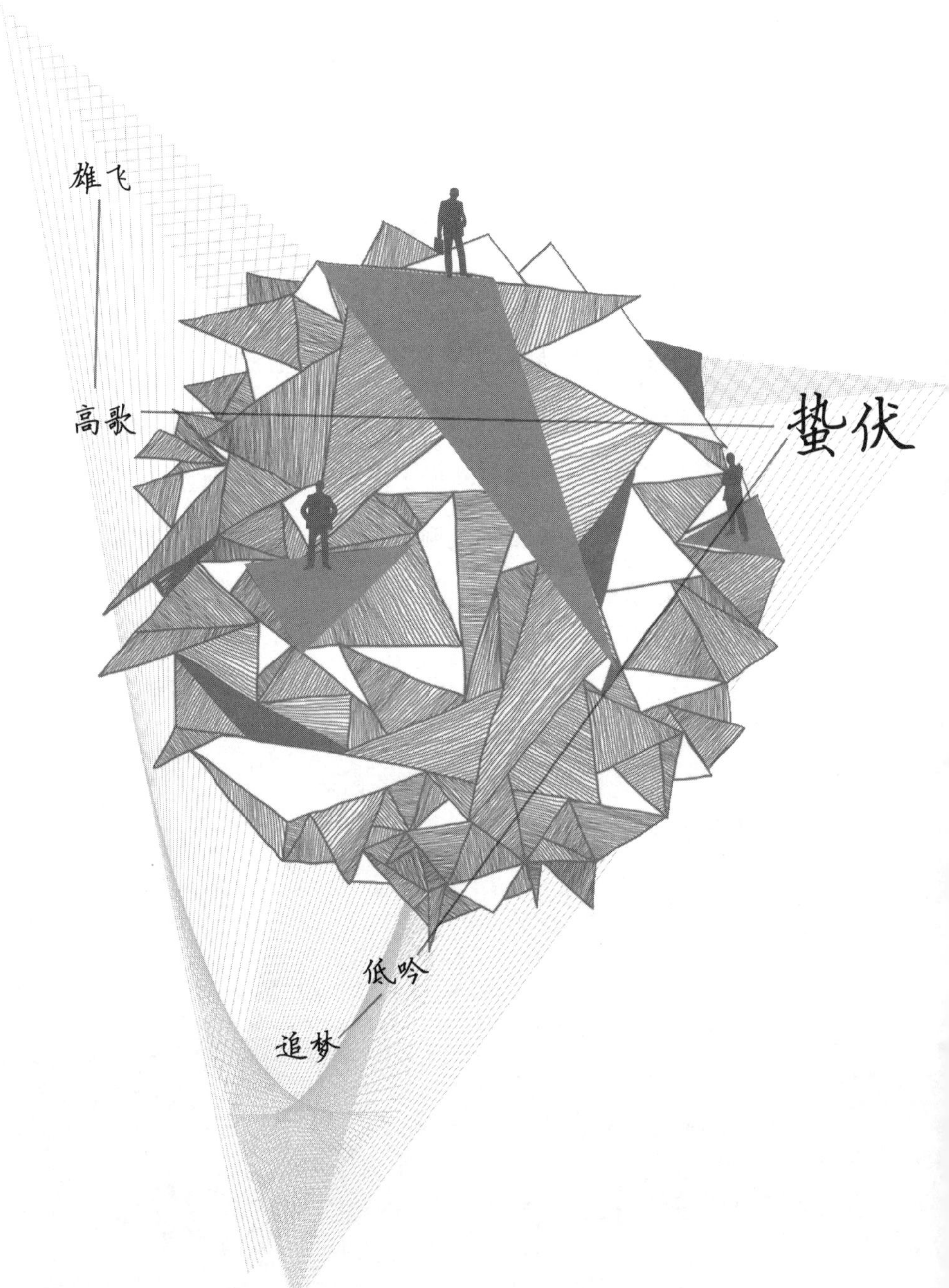

雄飞
高歌
蛰伏
低吟
追梦

04. 规划先行 内培外调

李鉴冰的办公室里。

季菲菲已经坐在李鉴冰对面2个小时了，她都快被眼前这个“白头翁”给逼疯了。“老大，你饶了我吧，我现在哪里能清晰地给你计划啊，我就是编，你也要给我时间啊。”

“菲菲啊，你平时干什么的？这些原则上都是基础工作，必须掌握的啊，我当初做招聘经理的时候，随时问，随时答，从来都没有出过错，怎么的，到你这里就不行了，跟你聊了2个小时了，也就是给你2个小时的时间，你到现在都弄不出来，你就这么表现的啊，你知道你去年的360度测评的成绩吗？如果我是你的话，可能要画更浓的妆再出门啊。”李鉴冰说这些话时有些生气。

当李鉴冰说这些的时候，季菲菲发现了不对，她能感受到李鉴冰的着急，她能感受到可能有事要发生。“老大，我不关心我的成绩，我关心你的成绩，你排名怎么样。”

“我能怎么样，不满意呗，比我在年初定的目标低了点，什么跟什么呀，现在在说你，怎么又扯到我身上了。说说你的问题，告诉你，你这次在360度测评排在了中等偏上，不过离中等很近。你说说吧，就这成绩，我都不好意思见人，你看看人家段续，排的名次都比你靠前，说你什么好呢？”李鉴冰边说边摇头。

而季菲菲听到自己中等偏上，还表现出了兴奋的状态，但是看见李鉴冰的眼神，这股子兴奋的状态就像小火苗一样，一杯茶水就浇灭了。

“老大，我能和人家段续比吗，人家有吴总罩着，我不瞧不起他就算高看他了。不过呢，我这个人呢，还算公允的，段续确实很努力，人也比我圆滑，还有就是人家是在员工关系条线工作的，人头熟啊。再有就是很多人都要给吴总面子，吴总多好面儿的一个人，那张笑脸看着就让人害怕。”季菲菲无所谓地说着。

“得得得，什么话都让你说了，接着想8月的招聘计划和策略，边想边写，弄不出来，你就别出我这屋，听到了吗？”李鉴冰也有些耍无赖。

“老大，你不能这样，我这周把这个计划给你不行吗？为什么一定今天要啊。”季菲菲皱着眉头。

李鉴冰低下了头，很久都没有回答季菲菲的话，季菲菲也不敢继续问他，只能等着，这时房间很静，有的只是两个人的呼吸声和电脑的风扇声。

李鉴冰表情严肃，抬起头来，“菲菲啊，问你几个问题，第一个，如果我忽然离职了，你会怎么做？”

季菲菲心里咯噔一下，因为这种可能不是没有，李鉴冰能力非常强，现在在合融集团做招聘总监，其实他对人力资源其他模块也是十分了解，都有自己的见解，今天问自己这样的问题，可能李鉴冰真的有这种想法，以前倒是想过这个问题，那个时候想李鉴冰离职是好事情，起码李鉴冰能找到更好的平台，发挥自己的优势，而且也会把职位留给自己，自己也会晋升。但是现在李鉴冰真的提出来了，季菲菲反而懵了，她不知道怎么回答这个问题了，口齿也不清楚，她真的怕李鉴冰离职了。

“老大，不会是真的吧，你不能吓我啊。”季菲菲都不知道自己该说什么了。

“你就说说看，如果我离职了，你怎么办吧，都是假设。”李鉴冰也看出了季菲菲心里的变化，也发现眼前这个下属对自己还是不错的。

“老大，不要吓人好不好，我是女孩子，胆子小着呢，这个问题我能拒绝回答吗？”季菲菲假装生气，还有些撒娇。

“不能。”李鉴冰面无表情，但是语气中很是坚定。

“唉，如果你突然离职了，我肯定不会哭，走就走呗，你走了，可能我还好了呢，有人腾位置还不好吗？不过说真的，你不在了，我还真没有想好，两个方向，一个是在外面找个老大回来，要不就想办法让自己顶你的位置。”季菲菲笑着说。

“再说一次，我是突然离职了，不是不在了，整的好像我去世了一样，还不会哭，你也真说得出来，对你们那么好，你们就这样。哦，对了，如果你能想办法接替我职位，假设你一定能成功，你会怎么做？”可能气氛好很多，所以两个人也没有那么严肃。

这个时候，季菲菲收了她的笑容，开始认真思考，“老大，如果接替你的职位，我想我会成为你的影子，因为我知道你是怎么工作的，你过往问我的问题，都将是我要思考的问题，不过，我想我会在一段时间后，脱离你的影子，成为真正的自己，还有就是要培养下属，让他们成为自己，防止自己离职了，自己在这家公司的痕迹被别人抹去。”说完之后，季菲菲做了个标准的微笑动作。

“那如果我升职了或者调岗了呢？”

“老大，你哪句话是真的，不要这样玩我行吗？你不学吴总好吗？神神叨叨的。”季菲菲无奈地说着。

李鉴冰想了想，可能是自己想多了，然后说道："唉，跟你说了吧，今天和你讲的内容，暂时谁也不能说，公司里里外外的都不能说，听到了吧。"

季菲菲点了点头。

"今天早上呢，吴总来我办公室，找我谈了个话，还顺便给了我盒茶叶，那茶我也挺喜欢喝的。"李鉴冰神神叨叨的。

"老大，正题行吗，我在你办公室都 2 个多小时了，我求你了，你就招了吧。"

"你听我说啊，吴总来呢，主要是来听我意见的，这次 360 度测评，陈总成绩一般，属于中等偏下。这样的成绩呢，可能出去历练一下更好，至于调职到哪里，我就不参与了，但是肯定不会留在人力资源中心了。他的想法是让我兼管绩效条线，我只能答应，因为推测了一下，吴总的这种行为，一般情况下，肯定是公司高层授意的行为，我不答应，倒霉的肯定是我，但是我如果兼管绩效条线，那么我对招聘条线的关注度必然会降低，刚才把你叫进来，主要还是要看看你能不能把招聘条线的工作做好，怎么能让我放心，如果你没有给我信心，明年走的可能就是我了。"李鉴冰把前前后后的情况都说了一遍。

季菲菲认真地听着李鉴冰说着，也在想着，“老大，如果你兼管绩效，我认为你是没有问题的，但是你要考虑个重点问题：人。你现在如果单枪匹马去，我想肯定不行，绩效条线除了陈重能力强之外，其他几个人都不行，原先比较强的几个绩效经理，都是因为受不了陈重的管控模式，才离职的。说心里话现在的绩效条线就是个坑，你要跳下去，我是拦不住的，但是我要帮你招聘两个优秀的绩效经理，同时咱们招聘条线也要增加个招聘主管上来，这样可能两边都会好些。”

“你说的问题我都想过了，不错哦，想问题现在越来越全面了，可塑之才。说真心话，我是想趁着这个机会，把你和开心培养培养，让你们独当一面，不过你们也得争气啊，先讲明，从现在开始，我对你们的要求会越来越严格，只有这样，你们的成长才会更快。准备接受魔鬼式的训练吧。”虽说李鉴冰有些开玩笑，但是季菲菲明显感觉到了他的认真。

“菲菲，分析一下开心。”李鉴冰说道。

季菲菲想都没有想就说：“怎么分析啊？”

“你问我啊，那我还问你干什么啊？”李鉴冰明显声音大了些。

“开心呢，人很善良，刚进入社会不久，很多行为还是属于校园风格，这主要还是历练不够，在做事方面，她关注的点，她会把控得非常细，几乎看不到出错的情况。但是有的时候，她在时间管理上、条理上可能要培养一下，因为我发现她有时候在这几个方面是有问题的，比如上次因为时间的问题，给你泡茶都用上冷水。”说完季菲菲就想笑，但还是憋着。

“别笑，憋出内伤也给我憋着。”季菲菲听到后，就放开了，大笑起来。

“老大，说实话，开心呢，刚从学校出来，如果能有个好的师傅带几年，未来的成绩绝对好得不得了。”季菲菲很认真。

“菲菲，这样，公司的任命现在还没有下来，这件事情不能在外面说。我们呢，这周找个时间，咱们 3 个人聚聚，有些话在聚会的时候说。聚餐时间最好在任命之前。”

“好的，我明白了，老大，我来找地方，咱们算是提前庆祝。”季菲菲笑着说。

两个人又谈了一些关于招聘方面的工作内容，季菲菲才从李鉴冰的办公室出来，一看手机，自己都进去 3 个多小时了，总算能透透气了。

下班，回家，李鉴冰并没有把公司的事情告诉自己的爱人，陪了一会儿孩子，就把自己关在了书房。书房很静，他可以想很多东西，在书房设计的时候，李鉴冰粘了一块玻璃板在墙上，他可以把自己的想法写或者画在玻璃板上，墙上的内容能够完全展示李鉴冰的思维方式。

今天，李鉴冰可能又要很晚才睡了。

李鉴冰先是靠在椅子上，有时眼睛直直地盯着玻璃板，有时晃着脑袋，有时仰头闭着眼睛。

他想了很多。

自己接管绩效条线，招聘条线怎么办？怎么才能让招聘条线正常运转？这是第一个问题，第二个问题是如何让招聘条线优秀地完成工作任务？

李鉴冰边想边把刚才的两个问题分别写在了玻璃板的两端，首先要解决的是第一个问题。正常运转的结果是保证各个部门的人员可以完成其工作任务，还有就是在员工提出离职后的一段时间内将人才补充到位。要想达到这个结果，其实还是很困难的，工作量是巨大的，因为在合融这样的集团里，每年的编制人数本身就多，新增的岗位还有好多，离职的也多，想要自己尽量不参与其中，只靠季菲菲和甄开心两个人，恐怕还是有问题的，可能在这之前，首要的任务是给自己招聘一个助手。那么接下来就是招聘什么样的助手，招聘经理还是招聘主管，招聘经理可能会更好些，这样对季菲菲也会是个动力，当后面有条鲨鱼在追你的时候，你会怎么样，不用想，用自己的全力使劲向前游啊，但是这样的话，甄开心可能心里会受到打击，但是开心这个时候还是要以学习为主，她的机会还没有到呢，所以，接下来的动作是完成一个招聘经理的招聘。下面要想的问题就是招聘工作正常运转的前提是什么？想要招聘顺利，就要提供源源不断的符合面试条件的简历，而这些简历的来源就是招聘工作正常运转的前提。

简历的来源自然是招聘的渠道。如何打造合融集团完整的招聘渠道，如果将招聘渠道做出自来水管，只要想面试，打开水龙头即可。

好的，第二个问题就是打造自来水式的招聘渠道。

第三个问题是什么，没有其他的，就是对招聘条线的人全面进行培训培养，将这些人培养成为独当一面的人，自然就没有问题了。这个问题也是最难的，因为前面两个问题只要有钱就能解决，但是后面的问题和人搭上了线。凡是和人沾边的，都是难搞的。

季菲菲和甄开心两个人表面上看都是大大咧咧，但是内心绝不是，最难懂的就是女人心，而我却要面对两个。对了，前面的招聘经理尽量招聘个男人。

招聘渠道的问题，明天上班找她们研究一下，看看招聘渠道怎么配置，费用的预算，等等。这些都是事情。

这也只解决了正常运转的问题。那么如何能让招聘条线变得优秀呢？

要想招聘条线变得优秀，可以从两个方面介入，第一个就是让所有部门都不诟病自己部门缺人，第二个就是从组织与人才发展方面进行介入。只有不断地让整个集团的人变得优秀，自己才会变得优秀。

李鉴冰想了想，这个问题好像很难啊，有些想要退缩的想法，但是又一转念，遇到困难就往后退的话，不是自己的工作作风，没有困难要上，有困难的话，克服困难也要上，这才是优秀部门里的优秀员工的工作作风。

现在明显是有困难，但要解决这个困难的话，还是要集中众人的力量。自己未来将掌握两个条线的工作，工作量是增加了，但是工作范围也就更广了。为了让招聘条线变得优秀，可以借助绩效条线的力量，这是一个方面，另外除了借助绩效团队的力量之外，还能借助哪些人的力量呢？想要在组织与人才发展方面下手的话，培训是肯定跑不了的，赵顾这个人要把握好，要借助她的力量，即使劳动成果分给对方一些，也是有必要的。这个时候，李鉴冰已经想到了要放弃部分劳动成果了，可想而知，这个工作对李鉴冰是多么重要。

关于招聘条线的工作，李鉴冰想了很多，一面墙的玻璃板都画满了。这个时候李鉴冰的爱人敲门进来了，看见李鉴冰还在忙，有些心疼，告诉他已经很晚了，如果可以的话，早点休息。李鉴冰看看手表，已经快凌晨1点了，李鉴冰摸了摸后脑勺，笑着说："光顾着想工作，时间都给忘了，我马上洗澡，一会儿就睡。"

老婆走后，李鉴冰摘下眼镜，用双手揉了揉眼睛，摇了摇头，叹了口气，洗澡睡觉。也许是因为太困了，很快就入了梦乡。但是依然在早上的5点钟起床，虽然不情愿，但是这是李鉴冰的习惯，还是要锻炼一下身体的，要不然，这样的高强度工作，怎么扛的住，不要到最后，自己赚的钱都给了医院，那就得不偿失了。

跑步要跑到自己出汗，这样才是最舒服的状态。每天早上李鉴冰都会去跑步，以前是一个人跑，现在是全家一起跑步。

跑完步，洗完澡，吃完早饭，还是那个时间，李鉴冰准时去公司上班。

在路上，李鉴冰差点追尾别的车，主要原因还是在开车的时候在想事情，一身冷汗后，李鉴冰直摇头，以后尽量不开车了，或者开车的时候要控制自己不想事情。

准时走进办公室，李鉴冰又调整了一下自己的状态，打开电脑，开始一天的工作。

对于现在的李鉴冰，最重要的是分身有术，但是前提还是招聘条线不能出问题，所以还是要找季菲菲聊聊。想到这里，李鉴冰拨通内部号码，让季菲菲来自己的办公室。

而此时的季菲菲是兴高采烈地进来的，如果她能飞进来，绝不走进来，李鉴冰只扫了一眼，就猜出来了，季菲菲可能从其他渠道得到了些信息，而这个其他的渠道无疑就是于孝川这里了。

季菲菲眉开眼笑地说："老大，找我啥事啊？"

李鉴冰表面波澜不惊，很淡然地说："没有什么事情，就是问问上次和你聊的关于招聘计划的细节问题，你都想好了吗？"

季菲菲一听头就大了，自己昨天晚上去于孝川家找表妹玩，从舅舅于孝川那里再次证实了李鉴冰要管理两个条线，相当于加了担子，对李鉴冰也更加认可了。

季菲菲得到这个消息后，其实比李鉴冰还兴奋，李鉴冰是感觉压力大，是被认可，高兴也是必然的。但是季菲菲呢，她也看到了希望，看到了曙光，因为招聘总监的位置相当于空出了半个，剩下的还要自己更加努力，让自己能力变得更强。机会从来都是留给有准备的人的。

“老大，昨天晚上身体不舒服，后半夜还没有睡，头特别疼，所以还没有准备好。”季菲菲装作难受的样子。

李鉴冰心里想，这哪是不舒服啊，明显是兴奋过头了，睡不着啊。

“现在怎么样了，要不要放你半个月假期，去医院检查，顺带去国外度个假，放松一下。”李鉴冰挖苦道。

“老大，真的不舒服，你就别挖苦我了，我以后更加努力，对，像男人一样，你要高兴，你以后叫我男人婆，我不翻脸。好了吧。”季菲菲撒娇地说。

这回李鉴冰是真笑出声了。“行了行了，就你这样，早晚把我气死。这个事情先到这吧，我们聊点其他事情。”

季菲菲感到李鉴冰要布置任务，马上把笔记本打开，拿好钢笔，准备做好记录。整个招聘条线的人在日常办公的时候都是使用钢笔的，主要原因可能是这几个人平时东西丢的比较多，尤其是笔，因为很多时候应聘者是不带笔来的，所以经常就发现自己的笔找不到了，最后李鉴冰出了个主意，每个人准备一支钢笔，以后不使用黑色签字笔了，而且规定钢笔最好买贵的。

一开始大家没有当回事，结果钢笔还是丢了。

李鉴冰告诉她为什么要买贵的，因为一分钱一分货，好的钢笔在书写的时候，会让人有种愉悦感，同时，因为钢笔的价值比较大，所以你会格外地关心这支笔在什么位置，所以，你以后就不会有丢笔的现象了。还说招聘也是一样，你给高工资，他肯定会努力工作的，因为丢了工作，其他地方没有这么高的薪水，你说他会不会努力。

你还别说，季菲菲狠下心来买了一支，这以后还真就没有丢过，笔尖在纸面滑行的感觉真的让人愉悦。

“菲菲，今天可能公司会有任命发下来，其他部门和人力资源中心都有，我可能会兼管另外一个条线，绩效条线。”李鉴冰认真地说着。

季菲菲表现得很认真，好像是第一次听到一样。在李鉴冰看来，季菲菲的演技还真不错。

“所以呢，我在招聘条线上的精力可能会打折扣，因此，我们要聊一聊，未来招聘条线怎么办，去年的成绩还是不错的，我还算满意，但是我的本意是希望今年要更好，这个更好是需要我们付出更多努力的。”李鉴冰认真地说着。

季菲菲想了想：“李总，还是要恭喜您能多管一个条线，但是我想，以现在我们条线的人手，想要保持去年的成绩是会有困难的，如果您还想比去年要好，可能在很多方面都要有所调整。比如人手的问题，不增加人很难做到的，我们现在基本上都是天天加班，如果不增加人手的话，那就不用睡觉了，说句心里话，我和开心两个人很多时候还是依赖您的，您属于那种管控型的领导，同时还是那种实操型的领导，条线的很多工作都是您亲自完成了，但是现在您要兼管绩效条线，可能所有的事情都要我们做，您只能审核或者给意见，所以，我的想法，人手还是要增加，这个还是要和领导们争取的。”

李鉴冰没有马上回话，想了一下，说：“增加人手，你认为增加什么样的人呢？”

李鉴冰又把难题丢给了季菲菲。

季菲菲心里也恨啊，跟李鉴冰这样的领导真累啊，想不周全的问题都不要找他，增加人手，比自己强的话，未来就是威胁，比自己弱的话，条线的工作怎么完成啊。左思右想后，说：“老大，我的想法还是要增加个招聘经理，而且能力越强越好，这样的话，部门的力量就会大增，对我们完成今年的目标任务是个保障。”

短时间季菲菲能想到这样的问题其实已经不错了，因为她想明白一点，条线好了，她才能好，至于以后上位的问题，只要自己做得不差，上位的一定是自己。

李鉴冰依然没有马上说话，他还在想，“菲菲，这个问题我再和吴总沟通一下，反正也要等任命后才能申请新增人员。另外一个问题，对于我们条线内部，我的想法首先还是要培养你，至于你能走到什么位置，其实还要靠你自己，我会把我过往的工作经验毫无保留地告诉你，但是我还有个想法，你一个人能力提升得太快，对于条线不一定是好事，因为你会发现，你在前面跑，然后回头看看，发现一个人都没有跟上，这个时候你会孤单，你会无助，所以我的想法是我要成立一个学习小组，你和开心都进来，这样的话，可能会好很多，也算是给你培养个左膀右臂吧。”

“谢谢老大，其实我也这么想的，只是没有和你说。”季菲菲笑呵呵地说着，她心里真的这么想的。这个时代，想要靠一个人单枪匹马地闯，想成功太难，一定要有人帮，最好是有能人帮，现在李鉴冰要教自己和开心，绝对是一件好事。

两个人又聊了一会儿，决定在任命发出后，再组成学习小组。

李鉴冰之所以要教手下这两个人，他有他的想法，教下属，她们会感恩，她们会感到自己还有不足的地方，对于员工的稳定性有莫大的好处。

季菲菲和于孝川的关系，也会使于孝川会更青睐自己。李鉴冰从来都不是在一棵树上吊死的人。

既然决定要培养季菲菲，那倒不如一起培养，连甄开心也带上，可能会很累，但是后面的好处是大大的。培养甄开心的另一个原因是为了给季菲菲铺路，希望季菲菲走得更远。

培养了季菲菲，就等同于培养自己，给自己找棵更大的树，但是，有大树，也要有爬上树的本事，这个没有人能教，只能靠自己努力。

很快，李鉴冰接到了兼管绩效条线的任命，他的时间更少了，但是他没有乱，因为他在这之前已经布好局了。

在自己不熟悉绩效的前提下，少说多看，多听多问，以学习为主，及时记录，回家找资料，问朋友。

根据观察，李鉴冰发现，绩效条线真的是太弱了，如果没有陈重撑着，可能会出大问题，所以他还要再物色一名好的绩效经理。

按照事先的计划，李鉴冰找吴韵帆争取了一个招聘经理的名额和一个绩效经理的名额，吴韵帆也都答应了，于是李鉴冰想都没有想就把原来自己带过的两个管培生调回来了。

一个叫林北华，一个叫宋北国。

林北华，30岁，男，人力资源硕士，身高185cm，体重77.5kg。管培生入职合融集团，李鉴冰是其带教人，两年后调岗至江苏区域任职招聘主管，3年过去了，现在升任江苏区域人力资源副经理。

宋北国，30岁，男，人力资源硕士，身高170cm，体重90kg。和林北华一起以管培生入职合融集团，李鉴冰是其带教人，3年后，调职去了湖北区域，现在任职湖北区域人力资源副经理。

李鉴冰既然要管理两个条线，自然要把自己的嫡系放在身边，这个世界，只有自己掌控的才是自己的。

李鉴冰组织一个内部的小会议，参加人员季菲菲、林北华和甄开心。宋北国自然先到绩效条线整顿下面的人了。

当李鉴冰表达了要培养3个人的时候，甄开心心里乐得就像一朵花绽放了。季菲菲虽然事前已经知道了，但也是很开心。林北华没有表情，因为李鉴冰已经和他聊过了，就算李鉴冰不说培养3个人的事情，林北华也会有问题就找李鉴冰的。

时间没有停止，李鉴冰给3个人制订了不同的学习路径，季菲菲的培养方向更多的是偏向管理方向，如事情的协调能力、把控力等方面。而甄开心的培养则是注重在专业领域，让其掌握更全面的专业知识，因为她才入职场没有多久，现在不适合学习管理，先学习专业，可能对她更好。林北华更多地在熟悉公司的流程，因为他离开的时间也是比较长的了，他现在要做的就是快速适应环境以及快速出成绩，这就是他回来的短期目标。

现在的林北华，心里已经有一团火在烧，他想成为像李鉴冰式的人，想成为他就要比他还要努力。

3个人在短期内成长非常明显，季菲菲更加意气风发。很多时候李鉴冰明面上基本不用管理招聘条线的具体工作了，基本上不用烦心了，绩效也在有序进行，没有出现什么明显错误。只是在很多事情的处理方面稍微慢了一点，主要原因还是李鉴冰对绩效工作的判断比较慢。

很快，年会就开始，一片祥和，去年的业绩还是喜人的。

准时的春节放假，是所有合融人共同期盼的，毕竟拼了1年了，也该好好休息一下了，但是李鉴冰基本上每年春节都生病，别人春节胖3斤，他却能瘦2斤。每次都是，自己以后不过春节了，以后“春节”改“渡劫”。

春节即使时间再长也会让人感觉短暂，就像工作一样，你爱你的工作，做的是自己喜欢的事情，你会有成就感，你会发现一天的时间好短好短，但是如果你不喜欢这份工作，可因为其他原因还要在这里工作，你只能坚持，去强迫自己工作，你就会感觉时间为什么过得这么漫长，为什么还不下班。

所以，工作一定要找喜欢的，不要找坚持的。

春节后，神采奕奕的大家陆续来到公司，见面分外亲切，相互讲着假期里遇到哪些高兴的、新奇的事情。但是一到上班时间，马上就进入了工作的状态，这就是合融，这就是合融的文化。工作时有工作的样子，生活时有生活的态度。

可能由于大家都休息好了，所以工作效率特别高，好像什么事情都完成得很快，这个样子过了一周。

星期一早上，季菲菲盯着电脑屏幕不说话，眉头紧锁，脸色也不是很好看。

怎么了？闯祸了？

事情是怎么回事呢。原来节前季菲菲被各种好事情包围着，大多时候都非常顺利，季菲菲就有些飘飘然了，她把一件事情给忘记了。

忘记了什么呢？忘记给一个重要的候选人发offer了。而且正常情况下，明天是这个候选人到岗的时间，刚才候选人部门的领导来问这个候选人是不是明天到岗，季菲菲就懵了，怎么办啊，对方没有收到offer，如果他还没有离职，这个岗位最少要延期1个月才能到岗。现在自己还没有高兴几天，就出了这个事情，脸色能好看才怪呢。怎么办？怎么办？怎么办？

季菲菲有想过现在给对方打电话询问，但是她也害怕，在没有想明白之前，季菲菲选择的还是按兵不动。

但是不动也不是个事啊，还是要想办法。眼珠一转，她立马叫上林北华和甄开心找个小会议室准备开个碰头会，希望能有个好的办法。

虽然现在的内部会议，除重要的事项外，其他的日常工作安排会议，李鉴冰一般是不参加，都是季菲菲组织或参与。

因为没有李鉴冰，今天这个日常的工作会议开得特别快，林北华和甄开心以为马上就完了呢，结果季菲菲说还要再讨论个比较重要的事情。

对面的两个人就懵了，事情不是说完了吗，怎么还有事情啊。听听吧。

季菲菲说：“是这样的，李总自从管理两个条线后，其实我们的事情就无形多了很多，事情一多呢，自然就会出现这样或那样的错误，但是有错误不怕，只要及时纠偏，不造成损失即可，我这里有个事情，是这样的。”

两个人一听就知道好像真的有麻烦了。

季菲菲调整了一下坐姿，说：“春节前呢，我们不是帮财务中心录用个投融资总监嘛，原来定的呢，是明天到岗，但是去年呢，事情太多，我把这个事情给忘记了，当时只进行了薪酬谈判和到岗时间确定，offer 忘记发放了，刚才财务中心的领导问我们那个人是不是明天到岗，我们怎么办，大家一块想想办法，我现在也没有敢给对方打电话，万一对方有了其他工作，老大能捏死我。你们出出主意，财务中心的人得罪不起的。”

两个人听到这，头全大了，开玩笑，而且开的还是跨部门的玩笑，季菲菲你算把财务中心玩了一把啊。

甄开心眼睛都瞪圆了，说：“菲菲姐，最好我们能解决，要不财务中心能掐死老大，但是老大在被掐死之前肯定能捏死咱们，我不想死，快想办法吧。”

林北华笑呵呵地说："那个时候我好像还没有来呢吧，应该能躲过一劫，你们俩好自为之，但是呢，看你们俩也挺可怜的，这样吧，请我吃顿好的，我帮你们想想办法。"

这回轮到季菲菲和甄开心两个人同时说："真的？"

季菲菲接着说："你要是帮我解决这个麻烦，我请你吃大餐，想吃什么都行，做你女朋友都行。"

甄开心斜看了季菲菲一眼说："姐，你是真豁得出去啊。"

林北华也看着季菲菲，说道："不好意思，我喜欢萌一点的，你这种类型把控不住，再说，呵呵，我不喜欢比我大的姐姐。"

季菲菲反正无所谓，也不在乎别人怎么说她，"华哥，咱别卖关子了，救救姐姐吧。"

林北华心里想笑，但是刚才已经撅了季菲菲一次，不能再撅了，要翻脸的，"办法肯定有，我这里有上中下三策，你想听哪个。"

季菲菲表情怪怪的："还上中下三策，都说来听听，让我和开心学习学习。"

林北华摇了摇脑袋："你们啊，在总部待时间长了，什么事情都要按规矩来，那怎么行呢，一定是要打擦边球的，但是只要你擦边球打得好，你就能顺风顺水。"

两个人点了点头，季菲菲：“那现在怎么办？”

林北华接着说：“怎么办，先给候选人打个电话问一下情况，看看对方的状态，如果对方准备好了，明天办理入职即可，不过今天要给行政等相应的部门做好后续的手续，不要解释，这种事情不能解释，一解释就有可能让对方发现我们出了问题。这是最好的结局，如果对方埋怨，就耐心解释，道歉都上，你是女孩子，不行就哭，应该可以解决。”

甄开心说道：“林哥，你哪里来的这些招啊？”

林北华笑着说：“哪里来的，实战中磨炼出来的呗，在下面，你面对的人各色各样，连个重复样都没有，好说话，不好说话的，脾气好的，脾气坏的，都有，刚才是上策。中策是现在找老大汇报这件事情，听听老大的建议，他说什么都要执行，因为我们已经错在前面了，如果他再不知道，可能后面的麻烦会更大。”

说到这里，季菲菲和甄开心又是点头。两个人什么话也没有说，在等待林北华的下策，她们也是想听全了再作决定。

林北华接着说：“接着我来说下策，就是先瞒着老大，如果发生了对方也反悔的话，我们就硬挺，就是候选人最后说因为有其他原因不来了，如果有审计部门来审查的话，一致咬定对方的原因，不是我们的原因，我们的手续是齐全的，就好了，到时候剩下的就是扯皮的事情了。这是下策。”

这回季菲菲和甄开心同时摇着脑袋，表示不同意，确实也不是好的办法。

季菲菲眼珠子转来转去，看看林北华，看看甄开心，说道：“我们怎么办，是先给对方打电话还是先找老大汇报，再分析一下呢。”

“我呢，刚回来没有几天，再说这件事发生在我回来之前，我就不好给你们建议啦，还是你们俩研究一下。”林北华狡猾地笑着说。

甄开心也不知道怎么选，但是有一条，她的想法是这件事不管以什么方式来解决，都应该让老大知道。

3 个人研究了半个小时，最后的决定是用中策，先找老大，听老大的意见，做错事情不怕，怕就怕捂着事情不说，到最后谁也没有办法帮自己，自己就只剩下绝路了。

季菲菲一个人独自敲开了李鉴冰的办公室。表情有些奇怪，说：“老大，有个事情要跟您汇报一下，不知道您现在有时间吗？”

李鉴冰看了一眼季菲菲，心里想肯定有事，“来坐，坐下说。”

季菲菲坐好后，清了清嗓子："老大，是关于财务中心投融资总监候选人的事情，我在节前，所有的事情都谈好了，但是我忘记给对方发offer了，而且对方说只有收到offer了，才会提出离职，但是直到今天，财务中心的人问我，我才想起来，这件事，我的错，我承认错误。"

李鉴冰一听，心里就乐了，你季菲菲也有主动承认错误的时候啊，以前不是事事都要争个三分理啊，然后说："问题说了出来，你是让我给你解决，还是你有什么想法，想先说出来。"

季菲菲听李鉴冰并没有发作，而是问自己解决办法，心里有些暖暖的："老大，我的想法是由我来先和这个候选人沟通一下，看看对方的情况，争取近期让他入职，如果对方找到其他工作，放弃我们公司的offer，我这边会亲自去财务中心解释，并快速开展财务中心投融资总监的招聘工作，争取短期内到岗。"

李鉴冰接着问："这件事情，可以用你的办法来解决，但是这样的问题以后可能还会发生，你的解决办法有哪些？"

季菲菲心想，自己如果再在他手底下待几年，连思维方式都会被他同化，"老大，我是这样想的，在我们公司的E-HR系统中从空编到到岗进行全面流程化，这个我也在找

IT 的咨询，他们说如果要做的话，只要我们想清楚了，是可以完成的，流程化的好处就是一个岗位在哪个阶段，我们完全可以看到，也会时刻提醒我们自己，像现在这样的问题，基本上是不会发生的。我不是推卸责任，这件事情确实是我的疏忽大意造成的。我承认错误。”

李鉴冰点了点头，可能想到了季菲菲最近成长了，自己心里还是有些欢喜的，“那这件事情就这样吧，那个候选人呢，明天会准时到岗，你呢现在立刻通知行政等相关部门，给他准备办理入职的相关工作就好了。”

季菲菲完全懵了，什么情况，李鉴冰怎么知道明天候选人会到岗啊。

李鉴冰笑道：“别傻了，当时面试的时候，我就加那个候选人的微信了，他节前问过我怎么还没有给他发 offer，我告诉他会发的，结果你还是忘记，我和他以前就认识，他信我，就直接辞职了，昨天还联系我，要准备什么东西，我就知道你到现在还没有给候选人发 offer，我在微信里都告诉他了，所以，他明天会准时到，听懂了吧，还有既然你承认错误了，咱们不能不罚啊，要不你不长记性啊，这样吧，罚你请我们吃下午茶，就这么定了，出去吧。”

季菲菲心里想这不让老大给算计了吗。明明知道，也不通知我，这不是在找机会敲竹杠啊。危机的解除，季菲菲自然释怀了，“老大，咱不能这样啊，我这点工资还不够我自己花的呢，我看就算了。”说完，转身就跑，如烟一样消散在李鉴冰眼前。

李鉴冰摇了摇头，继续工作，没有哪件事是省心的。

不过呢，下午的时候，李鉴冰还是喝到了甄开心送过来的咖啡。

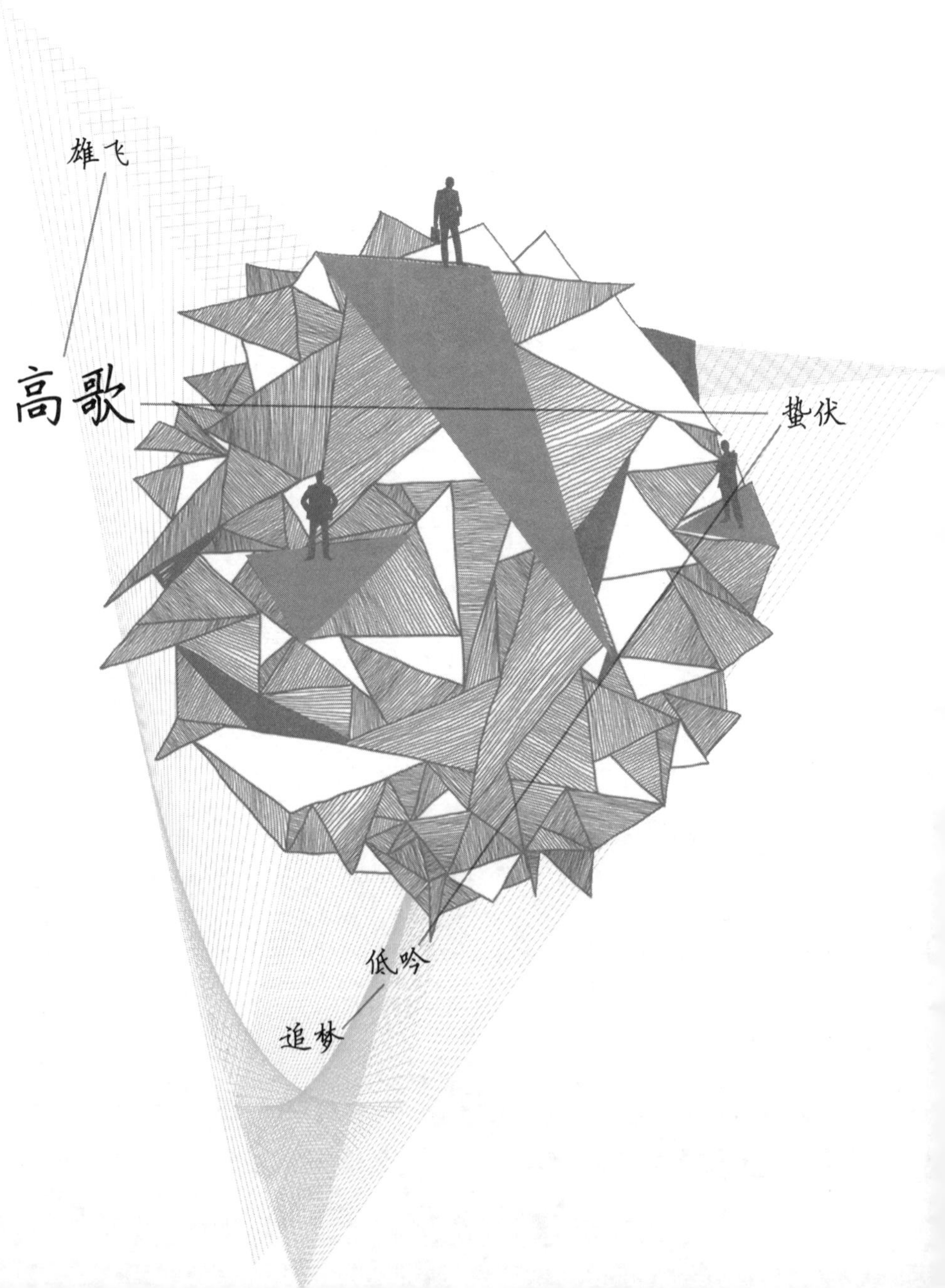
雄飞
高歌
蛰伏
低吟
追梦

05. 降本增效 唯变方通

吴韵帆升职后，考虑最多的就是如何让人力资源中心在自己手里更加得到重视。因此，他时刻在想着怎么推进合并后的融合，以及运用企业文化来推动员工工作效率。

在企业的人力资源成本不变或者上升的情况下，降低人力资源成本，这是吴韵帆春节后的首秀。迎合集体领导，保障自己的地位，这是关键中的关键。

不管自己看书，查资料，还是咨询同行朋友，最终通过多方面的融合，吴韵帆提出了四字方针：降本增效。这个提议很快形成报告，集团的领导审批的也非常快。

制度的下发速度更快。但是到了各个部门，却是怨声载道。

这是自然的，好日子过惯了，现在要削减预算自然不好过啊。所谓的增效，很多部门想改变现在的工作流程，发现困难重重，所以最后要提升工作效率，就剩下无偿加班了。

而人力资源中心内部很多也是不敢言语，默默地自己熬吧。这里面最郁闷的要属赵顾的培训条线了，去年年底她上报的培训预算，结果被吴韵帆砍去大半，很多原先已经谈妥的项目根本没有办法施行。

赵顾为了预算的事情，找过吴韵帆，还和吴韵帆闹得很不愉快，但是吴韵帆永远是一副笑呵呵的样子，人畜无害，不停地劝说赵顾。赵顾恨得牙痒痒，甚至在想，吴韵帆你发一次火多好啊，不管什么结果，咱俩吵一架。现在可倒好，自己是拳拳打在棉花上，人家不接招。无功而返，只能自己想办法。

春天不会随着某个人的想法迟来或者早到，它就在那里，不知不觉，公园里的草绿了，家里的花出了花蕾，而这时的赵顾，心情却是极其不好的。

不为别的，这几天很多同事看见她都会问，我们什么时候去春游踏青啊。赵顾说时间也不是，说不组织了也不是。

原来在合融，春天踏青的活动已经连续组织了8年，在员工的印象里，这是约定俗成的事情。但是现在能怎么办。赵顾也没有办法啊，总不能让自己倒贴吧，钱少还可以，关键是钱不少啊。

赵顾没有办法，今天又来找吴韵帆汇报这个事情，希望他能特批一下。

到了吴韵帆办公室的门口，赵顾长叹了一口气，敲门，听到里面讲请进的时候，推门而入。

看到吴韵帆，赵顾还是强装笑脸，朝着吴韵帆笑了笑："吴总，找您汇报个事情。"

"来，坐下说。"吴韵帆还是那样的客气，即使上次赵顾朝他发脾气，这个时候吴韵帆依旧笑呵呵的。

看见赵顾坐好后，吴韵帆先开口了，说："赵顾啊，上次咱们俩谈话，不管怎么样，我坐在这个位置上，你要理解我，可能也是我太强势了，也请你见谅，但是当时的情况，确实如此，你也要理解我，其实呢，我比你难，你看哪个条线不找我啊，都找我，都缺经费，但是没有办法，我这就是没有办法开这个口子，你要理解我哦。"

赵顾这还没有汇报呢，人家就把路堵死了，这让人还说什么啊，想想就气，本来赵顾内心里真实的表现就是有点小性格的，现在彻底被激发了。

接着，赵顾直接站起来，说："吴总，我的问题还没有想好，等我想好再向您汇报吧。"然后不等吴韵帆说话，转身就准备离开。

吴韵帆其实早就猜到了赵顾这次来还是想找自己要经

费的，但是他是死了心的。人力资源中心这次必须坚持经费缩减后不再增加的原则。所以不要等对方开口，自己先把路堵上吧，要不然说不定今天又跟自己纠缠多久呢。

赵顾出了吴韵帆的办公室，回到自己的办公室，越想心里越不舒服。这不是明显把自己的路堵死吗?！但是这个事情不做也不行啊，还是要找他吴韵帆来帮自己解决啊，总不能就这样拖下去吧。等到时候有人反映到上面的话，他吴韵帆再找我问为什么不组织春游踏青，我那个时候说因为没有经费，他肯定不承认他不批，而是会问我为什么我不单独找他进行特批。然后就是所有的责任都是我的了。不行，不能这样，还是要找他。什么时候解决什么时候算完，或者他吴韵帆直接签字说春游踏青不搞了才行。但是怎么能不搞啊，多年的传统啊，这是合融的文化啊。找他，马上就找他。

就这样，赵顾想清楚了，再次来到吴韵帆的办公室，发现里面还坐着一个人，从背影看应该是李鉴冰，好像也在讨论什么，而且也很激动。赵顾这个时候看看手表，又问了一下吴韵帆的助理，李鉴冰刚进去没有多久，短时间应该出不来了，算了，明天一早接着堵吴韵帆吧，怎么都要把我的问题解决掉。

赵顾走了，没有多久，李鉴冰也是心情不好地走出吴韵帆的办公室，回到自己的办公室，收拾一下，准时下班。

季菲菲看见李鉴冰这么早就走了，很好奇地问："李总今天这么早啊，李鉴冰斜着眼睛看了季菲菲一眼，没好气地说："我工作效率高，工作都做完了，下班不行吗。"

季菲菲本来是想开个玩笑，结果开到马蹄子上了。无趣地坐在办公工位上，想想心情不好，老娘也下班了，不干活了，今天晚上 happy 去。

可能是连锁反应，今天人力资源中心的很多人下班都比较早，让别的部门的员工摸不着头脑，都在想人力资源中心这是怎么了。好像脸色都不好。

第二天一早，大家还是如往常一样，早早地都到了，可能这就是习惯。

赵顾办公室的门，今天早上是开着的，因为吴韵帆的办公室在里面，吴韵帆上班一定会经过赵顾的办公室，所以赵顾在等着吴韵帆，结果，人家吴韵帆今天上午就没有来。不知道发生什么事情了。是真的有事，还是特意不来躲出去了。这也导致赵顾一个上午基本上没有干什么活。心里气啊。

那吴韵帆到底怎么了。原来吴韵帆昨天的心情也不好，用话把赵顾堵了回去，没有想到又和李鉴冰吵了起来，吴韵帆感觉自己特别郁闷。

心情不好的吴韵帆家都没有回，直接找朋友喝酒去了，大吐苦水。朋友就是倾诉的对象。因为他也不想把负面情绪带回家，他希望家是所有亲人的港湾，在港湾最舒服的状态是和煦的阳光和温润的沙滩，不需要乌云与暴雨。

吴韵帆是喝醉了，朋友半夜把他送回家，把吴韵帆对他们说的话，又和吴韵帆的爱人大致说了几句。

第二天头有些疼，吴韵帆想了想，发了条微信给于孝川请了半天假，没有去上班，他也想先躲躲。

下午的时候，吴韵帆准时来了公司。

刚进办公室，赵顾就笑呵呵跟了进来，赵顾也想明白了，我为什么要生气，我是要解决问题的，如果生气能解决的话，怎么气都行，现在生气是解决不了的，那就不生气了，好好说，我只说困难，看看吴韵帆能给自己什么建议吧。

吴韵帆看见赵顾笑呵呵跟了进来，其实心里是发毛的，他不怕对方生气，或者动怒，但是对方笑呵呵的，可能就不是什么好事情了。

赵顾眯着眼睛说："吴总，找你诉苦来了，今天吐吐苦水，你呢，开导我一下，要不然我就要请长假看心理医生了。”

吴韵帆现在只能见招拆招了，“什么心理医生，别胡说八道，你我还不了解，你们啊，说吧，我们一起想办法，能解决的都解决。但是前提说好了，要钱要预算，我没有。”

赵顾手一摆说道：“我上午已经想开了，找你要钱，肯定很难，我也不为难你了，今天不谈钱，今天谈感情。”

吴韵帆心里一惊，不像好事啊，这谈钱伤感情，但谈感情可能真的伤钱啊。没动声色地说道：“没事，来，我们坐下说。”

就这样两个人面对面坐着。

吴韵帆调整一下坐姿，说：“说说吧，有什么心事，我们聊聊。”

赵顾叹了口气说：“吴总啊，最近我都睡不着觉啊，天天失眠，满脑子想的都是钱，不是我要赚钱，而是我的条线要运转，就得有钱啊，但是你又不批，我心里也知道，你比我们还苦，不只我，还有其他人也想在你这边拿预算，了解了一下，确实，你砍掉费用之后，真的没有给任何一个人开口子，给他们特批。起码到现在为止，我没有听说。所以我是理解你的。今天虽然是找你倒倒苦水，但是你毕竟是我领导，我的工作还是要你来指导，其他事情我就不说了，起码可以拖一拖，但是现在有一件事情不能拖了，就是我们合融历年组织的春游踏青的活动，今年是第 8 个年头，我的想法是不能因为我们‘降本增效’，把这个项目也砍掉吧。”

吴韵帆一听，心里想也是这么回事，“这样吧，以前我们是怎么操作的，你先和我讲讲，我们俩看看用什么方式方法来解决这个问题，好吧。”

总算能心平气和地沟通一下了。

赵顾调整了一下状态：“吴总，首先，春天踏青这个活动是 8 年前公司开始组织的，那个时候人数不是很多，但是通过这样一个活动，员工之间加深了了解，增进了沟通，大家感觉都很好，而且春天踏青后，员工的工作效率是能感觉到提高的。就因为这样，所以，这些年公司从来都没有停止这样活动，这几年下来，已经形成了公司的踏青文化，你这边一直在提倡‘降本增效’，其实我的这个活动也是‘降本增效’的一个工具，因此现在很多员工都在等着我们的方案呢，还有就是往年的方案都是第三方活动公司帮我们组织的，这也是为什么花费这么大的缘故。基本情况就这样。”赵顾后面没有说，剩下的你就看着办吧。

吴韵帆没有马上说话，他在想，因为他已经感觉到了赵顾在变化，她不像前几天那么冲动，她在想办法让自己让步，但是这个时候，吴韵帆真的不能让，如果让步了，就证明自己输了，而且会输得很彻底，所以吴韵帆把让步的这条路先封死了，说什么也不能开这个口子，现在只能想别的办法，孔子可以因人施教，清末魏源可以师夷长技以制夷，我自己为什么不可以，对，引导对方从自己的专长入手。

吴韵帆清了清嗓子，说：“赵总啊，你都说了这么多，我也能感受到，这次活动的重要性，其实这几年我每年都参加这个活动了，我能感受到员工们的热情，而且每年的踏青主题都不同，我想正是因为这个不同，才让员工有种期盼，对吧？”

赵顾以为吴韵帆的防线要被攻破了，喜上眉梢地说：“吴总，您也参加了这几年的活动，刚才您也说了，大家都是有期盼的，所以这个费用，您看是不是给批一下啊。”

赵顾说完，吴韵帆就开始晃脑袋，“赵总，我还是那句话，费用我不能批，别，你听我讲完，坐下。”赵顾听到费用不批，直接起身要走。

“听我讲完啊，赵总，办法呢，我也给你想了，比如，从你现有的培训费用里挪出来一点，搞这个活动，我不反对，或者呢，我们想想其他的办法，但是我现在没有想出来，最好呢还是能从你的专业领域看看有什么办法，你不能在我这一棵树上吊死啊，也得开动脑筋，凡事就怕个认真，举一反三，变中求胜啊。你说我说得对不对啊。”吴韵帆开始引导赵顾。

赵顾咽了一口气：“吴总，从其他的费用挪出来，这个办法我早就想了，根本不可能，因为我的预算让你砍得血肉模糊，现在的预算都是年前就定的，这些钱实际上已经不属于我的了，你砍我的预算，理论上我现在已经没有钱了。还有变中求胜，怎么变啊！”

“我刚才说什么了，你是专业领域的，你是做培训的，从这个角度分析，再想想，比如让你现在哪个供应商免费送个活动，这个应该不难吧。”吴韵帆继续说着。

“吴总，这个活动费用不是小事啊，所有的费用加起来要几十万的啊，哪个供应商能这么大方啊，现在的供应商我基本上已经砍得要杀我了，人家基本上都没有什么利润了，只是看我们合融算是大集团，以后可以打着咱们供应商的招牌在外面多揽些生意，要不然早就翻脸了。”赵顾郁闷地对吴韵帆说着。

“那我们再换个思路，还得从培训上来开动脑筋，你们培训上不是有这个或那个的培训方式方法吗，不都是解决问题的好办法吗，怎么不能用在你的这次活动上啊，你们搞个什么知识分享啊，把能出谋划策的人都叫上，看看结果怎么样，反正不只你一个人有这样的问题，还有好多人都有这样的问题，何不你们一起都讨论一下呢。”吴韵帆这回把脑袋里能想到的都说了出来，如果赵顾再有其他问题，可能吴韵帆就要真的投降了。

赵顾想了想，这个时候她的脑袋里把以前学到的所有的知识都翻出来了，但是真的一个都想不全，真不知道当时自己怎么学了那么多东西，现在可能回去要好好想想了。“吴总，其实呢，我还是希望您这再考虑一下给我批点预算，不过呢，我还是服从命令的，我回去再想想，希望能想到解决问题的办法，那是最好的，我其实也希望通过一些方式方法来帮助其他同事解决这样的问题，唉，不打扰您了，我出去想办法了。”

“赵老师啊，但凡有一丝的可能，我都会批给你的，但是，我真的不能批，你也看出来了，这件事情，其实在上层已经明确过了，而且下的是死命令，没有人能改变的了，还有一句话，节省一块钱，一定比赚一块钱来得容易，我就说到这里吧，我等着你的好消息，我相信你会带给我好消息的。”最后，吴韵帆又给赵顾鼓鼓劲，他是真心希望赵顾能找到解决问题的办法，要不然，还是要找自己的麻烦，如果有一个人能解决，就说明其他人同样也能解决自己手里的麻烦。

此时的赵顾，依旧心情不好，但是现在她什么也做不了，还是没能在吴韵帆身上打开缺口，而且现在的吴韵帆真的已经把所有的路都堵死了，可能他真的是无能为力了。

赵顾摇了摇头，叹了口气，猛地抬了下头，只看到她原本就清澈的眼睛里，多了些许坚定，可能这回赵顾真的要拼命了，她不想放弃的事情，只要下定决心，就一定会完成。

回到办公室里，赵顾开始用脑子想办法，左想右想，还是一头雾水，隐约间，好像吴韵帆的那句话在提醒着她“你们培训上不是有这个或那个的培训方式方法吗，不都是解决问题的好办法吗，怎么不能用在你的这次活动上啊，你们搞个什么知识共享啊，把能出谋划策的人都叫上，看看结果怎么样。”

赵顾想来想去，可能这也是个解决办法，但是要从哪里入手呢，直接就上知识共享，可能也不行。因为最近被这类的问题烦恼的人还是比较多的，谁还有心情帮你解决问题啊。

但是赵顾又一想，自己毕竟就一个脑袋，可能有些时候会把问题局限化，所以马上叫自己下面的培训经理王瑜进来，王瑜自己也提不起精神，一看就知道满脸写着郁闷。

看见王瑜这个样子，赵顾心里有些不舒服，说道："小瑜，怎么了，昨天晚上没有睡好啊，这个状态？"

"赵总，你不知道，我最近烦心事情太多了，所有的供应商都在找我，问我咱们合融是不是出了问题，为什么现在还没有定今年的培训方案，我只能把部分实情说了一下，一直告诉他们我们在想解决办法，但是，供应商不这么想啊，他们都在问是不是公司要换供应商了，如果要换的话，早点告诉他们，因为有一些供应商是靠我们公司维持的，如果我们不给他们订单的话，可能公司运转都会出问题，其实我还有个担心，就是我们辛苦维持下来的供应商库，如果因为这次'降本增效'的实施，可能会流失大半，这个问题很严重的，如果公司认识不到的话，损失真的会很严重的。"王瑜抱怨道。

赵顾叹了口气说："小瑜啊，我不知道吗，我比你清楚，我的电话都快被这些人打爆了，但是，如果我们在工作上也出现这样的状态，可能未来能不能存在培训条线都是问题，所以，不管是我还是你，现在首要的就是振作精神，我们自己不能倒，我们要分析，分析我们自身，分析我们培训条线，看看这次‘降本增效’，对我们的影响有多大，为什么会有这么大的影响，未来我们要怎么做，是什么限制了我们的开拓创新。我们现在就聊聊这个话题。”赵顾在瞬间抓到了问题的关键，她没有想直接解决问题，而是想向更深层次探索，可能对于解决现在的问题会有很大的帮助。

王瑜也是眼前瞬间一亮，好像找到了明灯，找到了方向，这总比像没脑袋的苍蝇瞎撞要好吧。

“赵总，我这几天也想着呢，我先说说我的感受啊。自从公司减少我们条线的预算之后，我们根本就什么都做不了，所以这是根源，我们的根源是钱，也就是说，以往我们培训条线要做事的话，粮草先行，没有遇到没有钱的时候，而且，我们基本上每年报预算都会多报些的，但是往往每年预算都会花掉，这样一来，我们的预算越来越多，表面上看，我们培训条线每天都风风火火的，其实我们没有发现自己的命门是掌握在别人的手里的。”王瑜分析道。

赵顾点了点头："你说的这个，确实是存在的，不仅仅是我们自己，其实很多时候，大多数供应商都会提供更多的方案、更多的套餐给我们，他们好像摸透了我们一样，只要他们的方案说服了我们，基本上都会批下来的，也许我们也被供应商牵着鼻子走呢。还有，可能是以前批预算太过容易了吧，钱这个东西，很多时候是好东西，但是有时候也不是个东西啊，我刚从吴总那里回来，我们以后要过没有钱的日子了，我的感觉一直很准，这次不是感觉，这次是明确的判断，吴总不会给我们条线再批一分钱。"

王瑜很惊讶地说："啊，那怎么办啊？"

"怎么办？想办法啊，只要我们不笨，肯定会有办法的，这个办法要我们来想，不过，现在先不想这个问题，因为我们刚才的话题还没有结束，先把刚才的问题想明白，刚才原因说了出来，钱闹的，现在没有钱了，但是培训不能停止，没有钱的培训，我们怎么做，你先说说吧。"赵顾问王瑜。

王瑜连想都没有想就说："没有经费，还要培训，怎么可能啊，你说我们俩加在一起能讲多少天，就是全年都是我们俩讲，能讲多少门课程。还有有谁来听啊，说句你不高兴的话，咱们俩的职位其实都不高，领导太多，谁把咱们俩放在眼里啊，谁服咱们啊。”

“咱们俩讲，不累死才怪，再说你会讲开发还是会讲商业啊，你再深入想想，我们不能讲的，让其他人讲，这个其他人不就是他们部门的员工嘛，总部的给项目公司讲，给相应的条线讲，项目公司的员工可以相互交流啊，这不就好了，再说个想法，我们这么多人的集团，怎么就不能组建个企业大学啊，对，企业大学，那样的话，我们培训条线就可以独立出来了，这个想法好。”赵顾边想边做着记录，有的时候，还是要写在笔记本上的。

“企业大学，赵总，你太棒了，咱们就这么干吧，这样的话，我们其实用不了多少费用了，不过人员可能要增加些，只要课程体系允许的话，费用可能比现在批下来的还要少。咱们什么时候干啊，赵总。”王瑜带着期盼问道。

赵顾好像也缓过神来，说：“什么时候干，起码现在不干，要操作的话，可能也要今年下半年做设计方案，然后组建团队，明年才能干，现在的话，回到我叫你来的问题，现在没有预算，我们的这次春天踏青的活动怎么办，我们俩要想想办法。”

王瑜一听，又有些泄气，说：“赵总，这个活动搞了 7 年了，每年都是要几十万啊，现在你说不花钱，除非我疯了。”

“你怎么不说我疯了呢？”赵顾揶揄着王瑜。

“赵总，谁敢说您呐，我这不也是发发牢骚嘛。”王瑜发现自己说错了话，在极力补救。

“没事，其实有时候我也爱发牢骚，但是发牢骚不解决问题啊，我们还是要回归问题的本身，刚才我想了想，其实我们还是要从培训的这个角度切入，我们组织安排了那么多课程，而且我和你也都听了大部分的课程，这些课程里关于解决问题的方式方法，我们能不能借鉴一下呢，看看这些能不能帮助我们解决现在遇到的困难。”赵顾这回在提醒王瑜。

王瑜微闭着双眼，脑海里像过电影一样回忆着有什么方法可以用用，想想这个，摇了摇头，想想那个，又摇了摇头，最后皱着眉头说：“赵总，我想了很多，我只想到了一个方法，可以试试，但是这个方法可能在现阶段还有些问题。”

“说说看。”

“用世界咖啡的方法，但是我们俩其实在平时已经把这些都想个遍了，现在用这样的方法，可能没有太大的作用。”王瑜告诉了方法，但是也泼了盆冷水。

赵顾想了想，自言自语：“世界咖啡，这个好，就用这个，应该可以试试，死马当活马医吧。那个小瑜啊，我们就用世界咖啡的方法来试试，不过呢，不是我们俩，而是找其他部门或者条线的人，这样来做，我们组织这样的活动，把所有遇到同类问题的人集中在一起，然后集中大家的智慧，一个问题一个问题逐个解决，我就不信了，上有政策，下有对策。哦，对了，我说的这个，不是和公司领导对着干，是在面对政策的时候，想其他的办法来解决问题啊，你别领会错了啊。”赵顾还是要提醒一下王瑜的，生怕说错话，给自己惹麻烦。

王瑜这个人当初从培训公司出来，进入合融集团，还是如鱼得水的，做起事情来，执行力非常强，风风火火，抗压力也是很不错的。

“赵总，那我先想想，然后看看做个方案，尽快落实这件事情，希望能帮助我们解决这个问题。”王瑜说完起身就出去了。

处理这些工作，对于王瑜来讲，轻车熟路的，用不了1个小时就好了，赵顾改了几个词，王瑜就在集团内部的平台进行了公布，这次，赵顾怕解决不了问题，所以在人数上进行了控制，只设置了12个名额，其中王瑜还是内定的一个名额，所以对外只有 11 个名额。

培训信息在平台上刚刚发布，只用了 8 秒钟，名额就报满了，然后王瑜和赵顾的电话就又响起来了，都是没有报上名的人来打电话询问，为什么只有 12 个名额，能不能再多加一个。还有就是这个培训，除了这次，下次什么时候开始，能不能近期多组织几次。

虽说两个人得不停地解释着，但心里还是有些小小的满足感的，因为她们知道，培训还是有用的。

第二天下午就是解决缺钱好办法的培训，2 组人，每组 6 个人，虽说面上都带着愁容，但是来参加这个培训，起码自己比其他人幸运，都期盼着今天的收获。

今天赵顾作为主讲人，眼神分外坚毅，她心里知道，今天只能成功，不能失败。

看着眼前的这 12 个人都提前坐好了，赵顾也就准备提前开始，因为现在的时间可能比以往更加珍贵了。

“各位同事，大家下午好，首先，我看到大家来参加这个活动，心里很高兴，说明我们是支持公司的‘降本增效’的倡议的。其次，我们大家来参加这个活动，说明另一个问题，可能在座的各位现在面临着缺钱的困扰，包括我在内，我也很缺钱，但是我们不能因为缺钱就不工作，我们不能因为缺钱就束手无措，我们要想办法，战胜这个困难。最后，我希望通过今天的活动，带给大家些许有效的建议，或者有效的解决问题的方法，以便我们把这个方法带回自己的部门，指导团队战胜困难，如果在座的各位同事认为今天的活动很好，我们人力资源中心会组织下一场，如果在坐的各位同事想把这个解决问题的方法带回去，想在自己部门内部搞这个活动，有不明白的地方，可以随时找我们人力资源中心，我们会提前进行指导，把关键点告知各位，你们说好不好。”赵顾极具感染力的开场，赢来了响亮的掌声。

“话不多说，我们马上开始，首先我们把大家分成两个小组，每个小组有 6 名队员，我的左手边是 A 组，我的右手边是 B 组，大家看一下，我们在桌面上放了今天要使用的工具，首先大家可以看到桌面上摆放了一桶绘画的水笔，还有 3 种颜色的粗线条的白板笔，还有很大的白纸，3 沓便签纸，就这些，有哪个组是缺少这些物品的，告诉我。”赵顾让大家检查活动道具。

两个组异口同声的说：“没有缺少。”

看着两组成员情绪很高涨，赵顾继续说道：“好的，在我们开始之前，有几点要求和大家说清楚。第一，我们今天讨论的问题，将由各位自己提出，但是，所提出的问题，一定要有洞察力；第二，在整个讨论的过程中，希望大家能尽量清晰地表达自己的观点和聆听同组成员的观点；第三，对于专业问题，如果你是专家，建议大家尊重同组成员，对本组话题负责任，在整个过程要不断反思；第四，尊重时间，其实今天下午我们的时间还是非常紧张的；第五，对于今天要讨论的问题，希望大家开动脑筋，提出自己的想法。好了，话说到这里，祝愿大家达成共识，加快解决该问题的行动。”

到场的成员又是一致的回应，赵顾也从今天的培训中感受到了什么才是培训的真谛，那就是一定要为业务服务的培训才是真的培训，不能因为培训而培训。

“看来大家很认真啊，接下来我们就开始今天的探索旅程，可能今天来了很多部门的同事，大家可能还不了解对方，那么我们现在要做的第一件事就是在便签纸上，写上你的名字，还有你的部门和职位，最后写上你擅长的领域，停，听我说完，然后每个人进行自我介绍，把你的便签纸上的内容介绍给同组的成员，记住，速度要快，我希望这个过程不要超过 2 分钟，当一组成员全部完成之后，请用鼓掌的形式告诉我你们完成了，好吗？现在开始。”赵顾先进行活动的破冰。

这个时候，两个组的成员，要么帮着撕便签纸，要么给够不到的成员分水彩笔，然后大家开始在便签纸上写上老师要求的内容，接下来就是介绍自己了，合融的员工从来都不是谦虚的人，每个人都有自己擅长的领域。

一会儿工夫就听到B组的掌声，随即A组的掌声也响了起来。

赵顾笑呵呵地做了个惊讶的表情："哇，大家的速度很快啊，如果今天有公司高管看见大家的表现，肯定会认为我们合融还有很大的潜能，希望各位继续加油啊。那么，接下来我们做什么呢，俗话说蛇无头不行，但是我认为龙无头也是不行的，在今天的讨论中，我们要选出一些为我们各个组服务的人员，首选我们要选出的是我们的组长，选组长呢，很简单，一会我说开始，然后用你们手中的笔指向你选择的人，指向人越多，说明这个人就是你们组的组长。准备好了吗，好，现在，3、2、1——开始。"

赵顾看了一下，A组是按照她的想法选出来的，王瑜被推选出当了组长，再看B组就好玩了，所有人都选自己，想让自己当组长，这也间接说明了一个问题，大家都是带任务来的，"B组不能这么玩，这样的话，你们就永远玩不下去了，不能选自己啊，可能是我刚才没有表述清楚，不能选自己，我知道大家心里在想什么，但是，我要告诉大家的是今天我们是来传授一种解决问题的方法，只要今天认真积极参与，你会学到里面的真谛的，我也相信，你回去之后能化解自己部门内的部分难题。好了，我们B组重新选一次组长，3、2、1——开始。好的，现在我们的两个组长都选出来了，接下来，很关键哦，每个组再选出3名成员，他们分别是记录员、计时员和报告员，我来解释一下，记录员，记录本组所有的问题和解决问题的方法，言简意赅；计时员主要是记录时间，我在某些环节都会规定时间限制，计时员要把控好时间，因为到最后可能会出现无限的讨论，我们就没有办法停止了。最后是报告员作最后的陈述，针对你们的问题，你们是如何解决的。好了，现在两个组开始选出自己的记录员、计时员和报告员。还是像刚才一样，本组选好后，用掌声告诉我，现在开始。”

“我来做计时员。”

“我做报告员。”

“我做记录员。”

“我们组都选好了吧，鼓掌。”接着就是掌声。

当听到了两组掌声后，赵顾举起话筒：“我听到了大家的掌声，说明我们两个组相关人员都选出来了，来，组长请举手，我认识一下，好，放下吧，计时员请举手，好的谢谢。”

就这样，赵顾把相关人再次认识了一下。

“好了，看见大家好像很兴奋啊，接下来，每组每个人在便签纸上写下来一个问题，这个问题是你现阶段想解决的问题。写完后，由组长进行组织，分别说明一下这些问题，然后，你们自己选出自己组今天要讨论的问题。现在开始。”赵顾掌控着现场的节奏。

接下来两组人都开始写自己的问题，而且写得都非常快，根本不用想，因为都是带着问题来的，大家相互介绍和解释自己的问题，希望一会儿能得到其他同组的人的认可，来分析自己的问题。

赵顾再次提醒大家不要选自己的问题，要不然这个游戏就进行不下去了。

很快两组都把问题选了出来，A 组无疑选的是王瑜的问题——在没有经费的前提下，如何完成春天踏青的传统活动。B 组选的题目是不花钱怎么能让客户上门。

感觉两个题目很相似，但是这个可能就是合融现在的现状。

赵顾接着说："我看到大家选出来的题目了，现在我再来问一下，每个组的组长在吗？"

两个组的组长举起手来。

"好的，看到我放在桌子上的大白纸了吗，接下来要做的事情就是在这张大白纸上进行构图，什么图片呢，很简单，就是把这张大白纸分割成四个方面。看 PPT，你们可以画成四叶草的形状，也可以画成蝴蝶的状态，反正不管什么图形，大家要画出四个部分，还有就是，画完图形后，把你们今天要讨论的问题，写在最中心，我说的大家听懂了吧，如果听懂了，给我掌声回复我一下。"

掌声响起。两个组开始讨论自己组的图案，结果画出来后，没有一个组画蝴蝶和四叶草的，都是大树，树干在中间，四个树叶圈。

赵顾问怎么没有人画蝴蝶呢，大家都说想创意一下。

"好了，既然问题选出来了，我们在大白纸上也画出图案了，接下来我们进入深度会谈。首先，请我们的记录员在第一个部分的上方写上'问题与挑战'，然后，组长带领组员按顺序发言对本组。当第一轮发言结束后，组员进行第二轮发言，这次发言大家可以畅所欲言，我们的记录员啊，一定要把我们所有的组员所提出的问题与挑战记清楚，但是要记住，如果出现重复的问题与挑战，就不要写了，这是第一点。第二点，我们的计时员要做好提醒工作，本次的时间是10分钟，记住只有10分钟，计时员要控制好节奏。好吧？两个组如果准备好了，那么我们现在就开始吧。”赵顾掌控着“世界咖啡”的进程。

王瑜的问题是在没有经费的前提下，如何完成春天踏青的活动？那么所面对的问题与挑战有很多，首先没有经费，可不可以不搞这个活动；其次以往有费用，可以聘请第三方公司来运作，现在没有钱了，第三方公司会不会帮助我们来运作，此外，还有很多的问题，都是围绕着经费来的，比如中午吃饭问题怎么解决？如果踏青的地方很远，这些员工的交通费用怎么解决？这一系列的问题下来，王瑜的汗已经下来了，记录员一条一条地记录着，问题与挑战的区域内马上就没有空间来进行填写了。

原本规定好的10分钟的时间很快就到了。B组顺利的结束了问题与挑战的环节，但是，A组还在继续发言，继续记录，A组的计时员好像已经忘记了时间，当她发现的时候，已经过去了5分钟的时间，赵顾在这个时候没有说什么，她也不会说什么，因为现在A组讨论的问题，是她的问题，现在的她也会睁一只眼闭一只眼。

A 组的计时员发现时间已经过了的时候，马上提醒本组的组员，大家这时才反应过来，原来时间已经过了。A 组停止了交流，望着赵顾，等待着下面的环节。

赵顾看大家已经全部都停了下来，清了清嗓子："好了，现在我们两组的成员都完成了第一个环节：问题与挑战。但是呢，由于 A 组的计时员忘记提醒大家时间到了，这回 A 组延迟了 5 分钟。对 A 组计时员提出提醒，下面的环节一定要关注时间把控，要不然我想你们会聊到明天都不一定聊得完。好了，咨询大家一个问题，让我们看一看你们两个组归纳总结的问题与挑战一共有多少条？由于 B 组是在规定的时间内完成的，我们先请 B 组报一下你们的条数。"

B 组的报告员说："我们的问题与挑战是 8 条。"

赵顾点了点头说，"他们是 8 条，已经很多了，给自己掌声鼓励一下。"然后就听到了喜悦的掌声。

赵顾转身看向 A 组："A 组怎么样啊，你们可是比 B 组多了一半的时间啊？"

A 组的报告员笑呵呵地说："我们的是 13 条。"然后 A 组的成员开始给自己鼓掌。

赵顾做了个怪脸，说道："13 个问题，看来你们的问题很多啊，不过呢，也超时了，好了，现在我们的‘问题与挑战’已经有了，怎么解决这些问题和挑战，现在摆在了我们的面前，为了战胜它们，我们进入第二个阶段。”

赵顾清了清嗓子，“第二个阶段，名字叫作‘建议与应对’。请我们的记录员在第二个区域的上方，写上‘建议与应对’几个字，接下来我们的各组员，用你们身边的便签纸写上以上问题与挑战的解决方法，记住，言简意赅，尽量多写，计时员计时 5 分钟，然后记录员把大家所写的内容进行比较，对于出现重复的内容，进行删减，再次提醒计时员，我们这次的时间依然是 10 分钟，但是 5 分钟的时候，叫停，大家分析，尽量找出不一样的答案，两个记录员，记住啊，不要像刚才一样超出时间。”

10 分钟很快就过去了，很多人的感觉只有 5 分钟一样，但是时间不会因为你的感受而变化。时间到，结束。

经过了这两个阶段的互动，大家好像有所领悟了，原来这个游戏是这样玩儿的。先把问题以及在过程中的困难一一罗列出来。然后根据这些问题，进行各个击破，在过程中，组员所说的话，不管对与错，最好都详细记录下来，可能就是未来解决问题的思路。

接下来两个组的组员都开始奋笔疾书，每个人都在便签纸上，写着自己对问题的解答和建议。便签纸，贴的越来越多，好像每个人都有写不完的话一样。

可能大家感受到了，在第一个环节当中，主持人希望把问题写得越多越好，当时B组没有考虑到这个问题，现在知道了，那么对于回答的建议，自然也是越多越好。

A组的每个人都在写着自己的答案。对于一个连续多年的传统项目，必然还是要组织的，所以大家还是想着怎么克服这个没有经费的难题。有个组员写到："毛主席说'自己动手，丰衣足食'，这个项目也可以我们自己搞。"

还有人写"自带午餐，学会分享。"

"找最近的春游路线，员工自己组队前往。"

"过程多做活动，转移费用话题。"

时间过得飞快，10分钟很快就过去了。大家意犹未尽，总觉得还有更多的好办法没有想出来。但是，这回两组的计时员，都很负责任，在规定的时间内，都喊了停。第一次忘记规则，可以原谅，但要提醒，第二次同样的规则不允许被打破，只有这样守规则，才能成就一支强悍的团队，才能收获最好的结果。

赵顾看到两组都停了下来。眼睛左右转看了一下，每组桌子上的便签纸有很多。赵顾没有再问两组各自的建议有多少条，因为她发现在她设定的时间里，现在已经超时了，于是赵顾接着开始下面的阶段。

“接下来我们进入研讨流程的第三个模块。名字叫作‘智慧链接’，我们的记录员，在第三个区域的上方写上‘智慧链接’四个字，这回，我们再增加点新鲜的东西，这回我们叫它‘飞行规则’，所谓的‘飞行规则’，就是每组除了组长和记录员留在本组外，其他的组员，相互交换。我们的两个组的组长和记录员举起手来，让我们再看看，好，这四个在自己的座位上不要动，其他的组员对调。然后呢，我们的组长听清楚了，当其他组的成员过来后，我们要表示友好的欢迎，因为这些新的组员，会继续为你们组提供更多的建议。同时，我们调换过的组员，你们有个新名字，叫作小蜜蜂，你们要做花的使者，把花粉带到新的组去，但是不要忘记了，也要把自己的问题向组长和记录员阐述一下，你们也要带点花蜜回家啊。我的话说明白了吧，现在开始第三个阶段，开始吧，我们这次的时间为 8 分钟。”

王瑜用热烈的掌声欢迎新入座的小蜜蜂，然后简短地介绍了自己组的主题、问题和好的建议。接下来大家先是看问题与挑战，然后看建议，各抒己见，谈自己的方法，谈自己的建议。

对于已有的建议，就都没有说了，只把没有提到的建议写在了便签纸上。

记录员认真地把便签纸摆放好，时间过得很快，8 分钟很快就到了。两组组长再次感谢对方的小蜜蜂，对自己组的贡献。掌声，再次响起，为对方，也为自己。

赵顾看到所有的组员都坐回自己的位置，“好了，接下来我们进入第四个环节，第四个环节的名称，叫作‘成果共创’，还是记录员在第四个部分的上方写上‘成果共创’，接下来组长要为刚才离开的小组成员介绍对方的小蜜蜂为自己的问题与挑战，贡献了哪些好方法，好建议。然后请组员补充在对方组得到的好方法，好建议。最后，在第四个区域当中，从你们刚才所列出的这么多的好方法、好建议当中，集中归纳出 5 个金点子。还有，在今天的这个活动当中，大家收获的 3 个关键词，3 个主要启发和关键行动是什么？这次也是 8 分钟。现在开始。”

8 分钟很快就过去了。赵顾听到了争论，也听到了交流。两组很快把自己的金点子、关键词、启发，还有关键行动都罗列了出来，贴在成果共创的区域内。计时员的提醒也预示着这次活动的尾声。

赵顾让两个组同时把他们的大白纸贴在了墙上，接下来请报告员根据大白纸的内容用 3 分钟的时间进行现场分享。

时间过得很快，整场活动在全员参与下，大家没有感觉到任何的疲累，反而精神百倍，赵顾又一次强调了，如果相关部门需要做这样的活动，需要人力资源的支持，最好提前约我们的时间，因为她已经看到了未来几天会发生什么事情。

下午的培训就这样结束了，很多人都很开心地离开，有几个人直接在现场就约了赵顾的时间，准备在自己部门开展这样的活动，但是赵顾告诉他们尽量再约其他的部门的员工一起参与，这样可以从其他人的角度来观察自己的问题，反而看得更清楚。

所有人走后，赵顾和王瑜带着墙上的大白纸，回到了赵顾的办公室，两个人再次对这个大白纸上的内容进行了分析，可能在短期内会有很多部门约赵顾和王瑜做“世界咖啡”的项目，所以赵顾决定从现在开始就加班，尽快完成春天踏青的活动方案，最好今天晚上就能形成方案，明天一早就找吴韵帆去汇报。

这个问题困扰着王瑜很长时间都没有解决，现在忽然感觉柳暗花明又一村，满脸都是兴奋的状态，现在精神得很，自然不会拒绝加班，反而更有干劲了。两个人马上投入了赶方案的状态。

赵顾和王瑜经过了一夜的战斗，顺利完成了方案，自然也没有回家，还好，在公司的沙发上睡了几个小时。

早上醒来后，赵顾安排王瑜先回家洗漱，让她上午就在家休息，下午再来，而赵顾自己想着先找吴韵帆把踏青方案汇报了。所以吴韵帆前脚进办公室，赵顾后脚就跟了进来。

“吴总，我昨天晚上可是没有回家啊，就为了把这份报告写好，等你批准呢，给，你先审阅审阅，有什么问题，我来解答，然后我好回家睡觉，请半天假。”赵顾还算精神。

吴韵帆有些惊讶：“哦，怎么回事，这么拼，来，坐，我先拜读一下。”吴韵帆很认真地看着赵顾递过来的方案，边看边点头。

“赵老师，你这是怎么想到的啊，和你以往的风格不一样啊，这些招哪里来的啊？”吴韵帆很惊讶。

赵顾还有点委屈：“吴总，这些招哪里来的，还不您老人家逼出来的，没有钱啊，我们要自力更生，自给自足。唉，不跟您发牢骚了，是这样的，前天实在想不出办法，我就把以前做的培训都翻出来看看，看看能得到什么启发，其中就看到了‘世界咖啡’的众创思路了，所以决定试试，没有想到还真弄出来了，不容易啊。”赵顾详细地向吴韵帆介绍“世界咖啡”的流程和培训下来的反馈。

吴韵帆听得非常的入神，问道：“那赵老师，我们有没有可能在短时间内多次举办这种‘世界咖啡’的培训呢？”

赵顾想了想，“多次举办的话，可以是可以，但是这个也是要经费的啊，你支持不？”

赵顾又把话题甩给了吴韵帆，想看吴韵帆怎么说。

吴韵帆想都没有想，说道“经费肯定是紧张的，这个还是要大家共同克服一下的，好了，你再想想怎么不花钱多次组织这样的培训吧，好了，我们再聊聊你的踏青方案吧，你先讲讲。”

听到吴韵帆问踏青的方案，赵顾稍作整理，“我们的方案设计原理是本着不花钱的角度去的，因此所有的内容都是围绕着两个主题，一个是踏青，一个是没钱，你别笑，我这不还是被你逼的嘛。首先，我们放弃第三方公司，因为费用太大，没有办法使用。然后，我们根据这么多年来的活动进行梳理，查看哪些地方是花钱的地方，比如说交通的费用，原来我们的活动地点都比较远，所有的活动都会雇用大巴来，现在我们的想法是以部门为单位，自行解决出行的问题。另外，我们选择的活动地点距离公司不能太远，这样交通费用的问题就解决了。还有就是午餐的问题，公司组织大家活动，连个中餐都没有，肯定很难看。但是我们提出了另一个思路，就是分享是快乐的，每个人都自己带食物，最好是自己亲手制作的食物，然后中午进行共享午餐，这样可以增进员工间的情感，我们呢，也就不用提供午餐了。最后，我们进行了综合分析，我们认为员工在整个活动中，一定会发现公司没有在活动中进行资金投入，怕员工对人力资源中心有想法，因此，我们还是在其他的培训经费中挪出了很小的一部分，我们的设想是这样的，就是在整个活动中，设定多个活动游戏，来引导参与的员工集中注意力进行活动，比如我们在旅途的过程中设定游戏环节，拍照环节，同时还请了一个同事在下午启程的时候，教大家练习一套养生功法。基本情况就是这样。”

吴韵帆边听边点头，再看看整体，没有什么瑕疵，直接就把字签了。

赵顾拿着签字的方案，总算松了一口气。收拾一下，准备回家睡觉。

踏青活动如期举行，而且热闹非凡，绝大部分员工都没有想到费用的问题，偶尔有员工说了和去年不一样了，就有其他员工说，“不错了，现在还能出来放松一下，哪个部门经费不紧张啊，现在已经很好了，你就知足吧。”还有人说，“把心思放在工作中多一点吧，放松的时候，就不要想其他的了，开心就好，开心就好。”

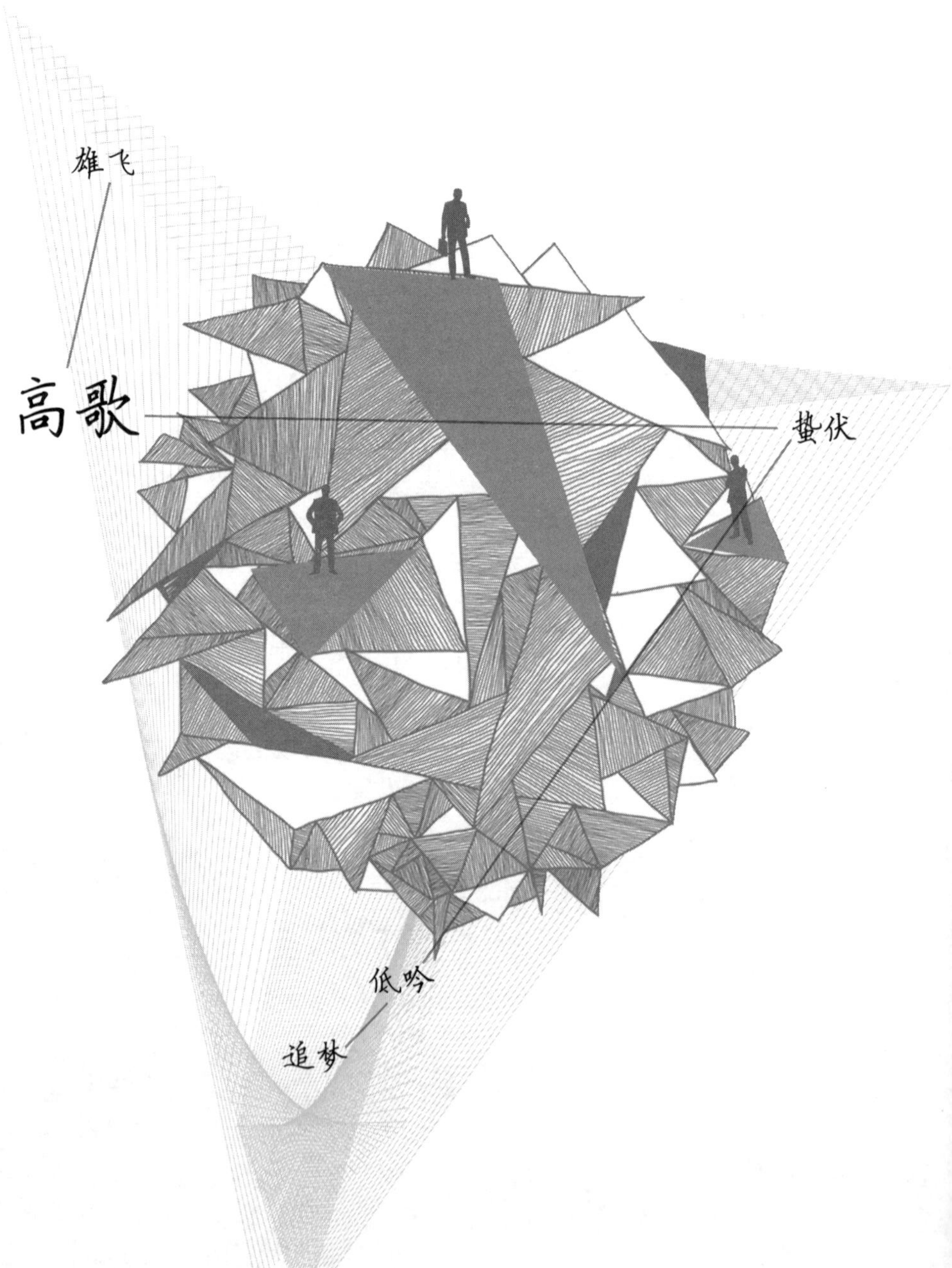
雄飞
高歌
蛰伏
低吟
追梦

06. 奇葩面试 面试奇葩

阳春三月，春暖花开。

对于招聘，这可是金三银四的时光，又怎能浪费呢，趁着社会上很多人有想换工作的想法，得尽快完成招聘任务。

招聘条线的预算几乎没有被砍，不是因为李鉴冰和吴韵帆的关系好，而是吴韵帆说心里话不敢砍招聘条线的预算。一个企业，最关键的就是人。没有人什么都做不了。如果今天吴韵帆砍了招聘条线的预算，明天可能有些部门的领导就把吴韵帆办公室的门给堵了。

虽然没有砍招聘的费用，但是吴韵帆还是找李鉴冰谈了一次话，这次依然是吴韵帆敲开了李鉴冰办公室的门。

门是敞开的，李鉴冰看见吴韵帆亲自过来，立马起身走出了座位，问道："吴总，您怎么来了，打个电话，我去你办公室就好了。"

吴韵帆依旧是他那副笑呵呵的面容，"我这天天坐在办公室里也烦，还不如来各个办公室转转，和你们聊聊天，探讨一下工作问题，这样可能工作效率还会高些，现在不是倡导‘降本增效’嘛。我啊，就多走走，减少你们这些真正做事人的时间，变相增效。”

李鉴冰一听这可是话里有话啊，难道是来找我谈削减预算的事情，不对啊，上次例会的时候，其他条线都削减了，唯独没有削减招聘条线的，而且还特意说明的啊，这才几天啊，就反悔了，不对，以不变应万变。

“吴总，你这么一说，我倒还真感觉出来了，以后啊，可能我也要多走动走动，多去外面挖人，多和其他兄弟部门沟通，尽量解决人家的困难。”李鉴冰说得很小心，没有谈其他方面，他在等，等吴韵帆把话题引出来，但是自己最终要不要接这个话题，还要看看吴韵帆想往哪个方向引。

李鉴冰把吴韵帆带到沙发那边坐了下来，开始泡吴韵帆喜欢的喝的高山古树茶，边喝茶边聊天，可能会更好些。

吴韵帆接过一杯刚刚泡好的茶，未先喝，而是先闻了闻，“嗯，很香，还是李总泡的茶好，你给我的是同样的茶，我就泡不出你这个味道来。请教一下，这是为什么啊？”

李鉴冰这时只能见招拆招，说：“吴总，这个泡茶，里面有很多的点，比如茶叶，水温，茶具，茶叶是一样的，水温呢，这个茶最好还是要95度左右的水来泡，像我们茶水间的水温基本上都不够，只有80多度，可能是这个原因，还有就是茶具，用一般的骨瓷杯泡这个和用紫砂壶泡这个茶，味道也是不一样的，如果用紫砂壶的话，最好是一种茶叶一个壶，这样会好些。”

吴韵帆好像恍然大悟，说“哦，原来是这样啊！”我泡的茶和你泡的不一样，原来原因是水温啊。看来我也要买个烧水壶，嗯，还要买把紫砂壶，你知道哪里有卖好的紫砂壶吗？”

李鉴冰笑了笑，说：“紫砂壶就不要买了，我送你一个吧。”说着起身来到自己办公座位处，从边柜里拿出了一个礼盒，方方正正的。然后回到沙发处。

在吴韵帆边上打开盒子，里面摆放着一壶两杯。通体深褐色，壶体不大，壶身线条流畅，让人看了就有种亲切感。

吴韵帆看着是很喜欢，但是猜测这个壶应该价格不菲，于是说：“李总，这个壶看起来就不一般，我这种对茶还不熟悉的人，就不要浪费这壶了。心意领了，壶你还是收好。”

吴韵帆虽说不要，但眼睛时不时地还是瞟着这壶，李鉴冰自然是看在眼里，说：“吴总，我给你讲一下，这壶呢，是我一个朋友前几年去宜兴游玩的时候带给我的，说是一个制壶大家的作品，手工壶，你看这流线，让人怎么看怎么舒服，总有一种行云流水般的感觉，你看在壶底下还有证书呢，我为什么这么多年都没有用呢。给你普及一下紫砂壶吧，就说一点，一壶一茶，就是我刚才说的，一个壶最好只泡一种茶，这样既可以养壶，这个壶也可以增进茶香。你呢现在刚开始喝茶，而且对高山古树茶还这么情有独钟，所以配一个紫砂壶，再合适不过了。我呢，现在本来就有壶，而且我家里的壶还有好多把，咱们公司到现在我就发现您这么一位对茶有兴趣有感觉的人，你说这壶还不是就等您呢。还有我这办公室本来地方就小，我把壶送给您，您可要收下，帮个忙，把我这空间腾挪腾挪。”

李鉴冰这送礼的手法真是无人能及，说得吴韵帆不接收都不好意思了。

吴韵帆也不扭捏，因为他是真喜欢这个壶，如果做作的话，万一李鉴冰不给了，那不是可惜了。顺势，吴韵帆收了李鉴冰的茶壶。

吃人的嘴短，拿人的手短。

喝着人家茶，这又拿了人家的茶壶，吴韵帆怎么能再来削减李鉴冰的招聘预算呢。但是有些话还是要说的，不说就是等于失职，说了再想办法帮李鉴冰找补回来就好了。

“鉴冰啊，茶壶我收了。谢谢，我还是要说的。接下来，咱们俩得说点正事了。”吴韵帆正了正身子。

李鉴冰也调整了一下坐姿，说:“吴总，您讲。”

“鉴冰啊，最近呢，你不管是看到的，还是听到的，咱们集团都在讨论‘降本增效’的事情，很多部门都在研究在没有经费的前提下，怎么运作，骂声很多。咱们中心也是一样，除了你招聘条线，其他条线都削减了预算，这个你也知道，你知道我顶着多大的压力，这段时间根本睡不好觉啊，天天做梦，都是各个总监找我要钱，你说我容易嘛。”李鉴冰连声说不容易。

吴韵帆接着说，“不当家不知柴米贵啊，很多部门和条线找我说的第一句就是为什么招聘条线不砍预算啊，你知道我怎么说的吗？我告诉他们，如果你想你们部门以后还有优秀的员工进入，这个话头就到此结束，别再往下说了。”

李鉴冰非常感动，立马说：“谢谢吴总对招聘工作的支持，我们肯定会完成今年全年的招聘任务的，您放心。”

吴韵帆停顿了一下，又清了清嗓子：“鉴冰啊，虽然我说过，招聘条线今年的预算不动，该花的一定要花，但是，我的想法是如果招聘条线能通过自己的努力，使今年的招聘预算降下来，那是最好的。所以啊，我对招聘条线的工作还是要提点要求的。首先啊，招聘预算不变，这是基本原则，其次啊，如果能降低预算是最好的，至于怎么降低呢，这个最好你们自己内部再开开会讨论一下，广告费还是猎头费，你们自己看着办。但是这一切的前提就是把合适的优秀的人招聘进来。这才是目标，我们的目标是不会变的，变的只是手段而已；同时也不能因为想着要降本，而忽略了我们来公司是做什么的了。”

两个人又聊了几句，吴韵帆离开了李鉴冰的办公室，手里拿着紫砂壶，时不时地晃晃头，远远地好像还听到了哀叹之声。

吴韵帆回到自己办公室，立马打开包装盒，再次欣赏这把紫砂壶，但同时也懊恼自己，本来是去李鉴冰那里谈谈看看能不能降低预算的，结果自己还要替他说些硬气的话，最好这个李鉴冰自己识趣，能自降预算。

李鉴冰的心情也好不到哪里去，自己心爱的壶送人了，能高兴才怪，但是庆幸吴韵帆没有提出什么非分的想法，还算帮自己，没有为难，强降预算。坐了一会儿，李鉴冰给季菲菲打了电话，让她把林北华和甄开心叫过来，开个简短会议，就在自己的办公室里。

3 个人很快就来了，这个时候李鉴冰的脸上还是没有笑容，他心里还在想着自己的紫砂壶呢，对于喜欢喝茶的人，一把好壶意味着什么，不用多说。

李鉴冰看见3个人都来了，甄开心也把办公室的门关上了，便清了清嗓子。

“人都到了，我们开个简短会议，内容呢，是关于‘降本增效’的，刚才吴总来我办公室里，和我谈了很长时间，因为整个集团就咱们条线上报的预算没有砍，其他条线部门什么的，预算都砍得比较严重。我和吴总争取了很久，最后还把我的一把壶给送出去了，才勉强没有砍咱们的预算，你们说说吧，我容易吗？我现在心疼，你们自己想想，安慰安慰我。”

季菲菲一听，表情非常惊讶，说：“老大，那把壶你藏了五六年了吧，你也真舍得啊。佩服佩服。”

“我让你们安慰我，没有让你冷嘲热讽我，我为了什么啊，还不是整个条线啊。”李鉴冰有点委屈。

甄开心想了一下说：“老大，你是不是应该再买点一般的紫砂壶，放在办公室里，我怕过段时间万一有其他领导来找你要紫砂壶，你怎么办，我可知道你办公室可还有好几把好的紫砂壶啊，你可得为他们作好准备啊。”

这话一说，李鉴冰立马来了精神并不住地点头，说：

“嗯，开心这个想法好，我是要买几把看起来不错，但是一般的壶，这个提醒我了，晚上就买。”

“好了，咱们说正事，吴总虽然没有降咱们的预算，但是说得也很直白了，就是让咱们想尽一切办法，把预算降下来，来吧，大家说说自己的想法。”李鉴冰把这个问题抛给其他人，他想看看这几个人在遇到困难的时候是怎么想的。

甄开心想了一下，说：“老大，这个降低预算，如果真要做的话，可能我们自己会辛苦一下，用时间来换，比如广告费用，猎头费用，校招时候的非关键成本等，但是这样一来，可能今年面子上是好看了，明年我们就有的受了。”

李鉴冰没有说话，只是点了点头，然后把目光扫向林北华。

林北华看见领导看向自己了，这是要自己表达观点啊，那就把自己想法都说了吧，“老大，这个问题，我刚才一直没有说话，其实我在想一个问题，我们的预算成本是什么。如果要降成本的话，是直接减少预算还是想其他办法，我的意思是说，如果我们直接在省钱的路上走下去，那么我们的唯一的路就是等死，不是别人弄死咱们，而是我们自己就把自己弄死了，就像刚才开心说的，明年的日子会非常不好过，那么我的另一个思路就是现在的预算不能降，但是我们依然要给我们自己加任务，这个任务就是在我们的招聘标准或者招聘数量上做文章，当招聘质量或者招聘数量上去了，相对应的招聘成本就下降了，而且降的不是一点两点。这个的话，我们可以在年底的总结中予以体现。”

李鉴冰继续点头和不说话，然后目光移到了季菲菲身上。

季菲菲清了清嗓子说：“老大，我的想法和他们都不一样，您都把吴总摆平了，我的想法就是我们依然我行我素。如果像他们俩说的，可能会达到目标，但是也是变相增加了我们的工作负荷，你是知道我们现在的工作量和压力的，我们三人能不能扛得住，谁也保不准啊。另外还有一个问题，就是本来公司就没有降低我们的预算，如果我们忽然之间把费用省下来了，你说其他部门会说什么，说我们报的预算是虚的，明年我们的日子会非常不好过，既然有了预算就要花光，这是我的想法。”

李鉴冰撇了撇嘴，说：“你们三个人说的都没有错，但是每个人都不完美，所以呢，把你们三个人综合起来就对了，结果应该是这样的，我们的预算在正常合理的范围内，可以正常使用，不用顾忌。但是我们在招聘的过程中要更准确地把关，比如增加背景调查的外部力量等，但是呢，样子我们还是要做的，怎么进行‘降本增效’呢，我的想法是每个月辛苦一天到两天，我们把面试的时间调整一下，放到周末进行，不过呢，你们三个人要进行轮流值班，估计你们每个人一个半月值一次班。”

季菲菲眼睛瞪圆了，说：“老大，能不能不这么玩，本来天天加班我们都忍了，你现在还要把面试放到双休日啊，我可就指望这双休日自己好好休息一下啊，你饶了我们3个吧。”说着说着李鉴冰看见季菲菲都快哭了。

“得得得，别演了，我还不知道你，平时很努力，我是看得到的，一到双休日，想找你太难了，全是吃喝玩乐购，你的朋友圈早就出卖了你了，还用我说得仔细点吗。”李鉴冰慢条斯理挖苦着季菲菲。

季菲菲听到后，也就不吱声了。

领导定了调子，那么就把这首曲子弹好，这才是优秀的员工，几个人又把相关的细节工作讨论了一番，才算散会。

出了李鉴冰的办公室，季菲菲就在嘀咕着，说李鉴冰和吴韵帆是李扒皮吴扒皮什么的。

嘀咕归嘀咕，但是到了真正做事的时候，季菲菲还真没含糊过。平时的工作有条不紊，接下来根据候选人距离的远近，将外地的候选人尽量统一放到双休日进行面试，这样也有个好处，就是部门基本上在平时都有更多的精力来做岗位上的工作了。

但是不好的地方也会出现，比如听到双休日要来面试，一开始还好，时间久了就感觉这一个月自己也没有休息啊，压力太大，根本没有时间休息。慢慢的，抵触的情绪就上来了。

这天是星期六，安排的是房地产开发工程经理的面试。

由于前段时间有个项目的工程进度出现了问题，现场一片混乱，这段时间必须赶工期，所以工程总监张莱接近一个半月没有休息，本来计划好的，这周要休息一下，没想到又被人力资源中心安排星期六要面试，开始还想推掉，但是工作还是工作，自己还是来了。

原本计划9点钟面试开始，但是到了9点，这个张总还没有到，今天他可是主面试官啊，急得甄开心直跺脚，打电话给他，也不接听，怎么办，怎么办。

9点钟一到，甄开心没有办法，只能敲开会议室的门，看见李鉴冰在面试官的位置上阅读简历。“李总，今天面试出了点小状况，应聘者已经到了，但是工程中心的张总还没有到，我刚才打电话给他，没有接听，所以还是要请示您一下，下面我们怎么办，是等一会儿张总，还是现在开始面试工程经理的候选人？”

李鉴冰想了一下说：“这样，先让候选人等一下，可能路上堵车了，你再给张总打电话，问问什么情况，然后告诉我一声，我们再想后面的工作安排。就这样，我说明白了吧。”

甄开心点头，说：“明白了，李总，我这就去办。”

甄开心刚说完，就听到电梯门开的声音，甄开心立马冲了出去，然后在门口回头向李鉴冰说：“李总，张总到了。”不过呢，甄开心的表情有点怪，李鉴冰也没有看出来，什么也没有说。

一会儿工夫，张莱夹着笔记本进了会议室，李鉴冰一抬头，也是很讶异，心里想这是什么情况啊。

原来，这个工程中心总监张莱，今天的穿着跟平时真的判若两人。

他穿成什么样了呢，人字拖，短裤，外加一件运动T恤衫。

李鉴冰穿成什么样呢，西装，领带，皮鞋，一身正装，好嘛，这两个人往那里一坐，鲜明的对比，特别有喜感。

李鉴冰想了又想，还是忍不住说：“张总，您这身打扮，有活动？”李鉴冰还是很含蓄地问。

张总转头看了一下李鉴冰说：“李总，当然有活动了，我还要和你诉诉苦呢，你说吧，我这1个多月没有休息，计划今天休一天，明天还要出差去外地，和家人都约好了，今天钓鱼去，结果前天接到你们中心的电话，说要我今天来公司面试，你们也体谅体谅公司员工吧，再这样下去，会死人的。”

李鉴冰看见张总情绪不是很稳定还有些激动，立马安抚：“唉呦，原来这样，我还真不知道，下面的人真不会做事，对公司员工关心不够，一会儿就批评他们，我看呢，咱们还是抓紧面试，你这边的几个人，我们俩尽量不浪费时间，你呢，快点面试完，然后抓紧回去休息，好吧。”

张莱点了点头，然后就低头开始看简历了，李鉴冰很无语，这哪是面试官啊，现场看简历，这不耽误事吗。“开心，马上开始。”

甄开心在门外早就等着这句话了，不为别的，因为时间已经耽误了快30分钟了，候选人马上就要多起来了。

一会儿工夫，甄开心就领进来一位候选人，“黄陈，应聘工程经理，这位是张总，这位是李总，里面请。”甄开心向面试官介绍应聘者以及应聘岗位，同时也向应聘者介绍面试官。

当甄开心介绍的时候，李鉴冰是起身表示欢迎的，也用手指引应聘者坐在自己的对面。而这时的张总还在查看简历，连头都没有抬起来。李鉴冰无奈地摇了摇头。什么也没有说。

看见应聘者坐好后，李鉴冰先开口说：“你好，黄先生，首先感谢你来我司参加今天的面试，谢谢，今天让你久等了。这样，我们的面试现在开始，请你先简短地自我介绍一下，关于你过往的工作经历和学习经历。现在开始。”

黄陈其实也在观察面试官，发现对面的两个人怎么回事啊，一个人与这座办公楼非常匹配，可另一个人就像早晨从家里出来买菜的样子，而且特别没有礼貌。根据以往的分析，第一个问问题的人，尤其是自我介绍的人，是人力资源的人可能性比较大，那如果这样的话，对面这个穿着随意的人可能就是未来的领导了，和这样的人一起工作，还要归他管理，未来的日子可能不是很好过啊，想到这里，这个黄陈也就没有想过好好面试了，说：“两位面试官，我的经历都在简历中写得很清楚了，而且都是真实的，我想就不需要我过多地介绍了吧。”

应聘者说了这番话，李鉴冰心里就是一惊，因为对方的年龄也不小了，而且绝不是第一次面试，然后李鉴冰又转头看了看我们这位张总，心里明白了七八分。看来对方也不想在这里浪费过多的时间。

而这个张总听了后，不满意了，说："什么意思啊，你写清楚了，那也得说说啊，难道我还一个字一个字看过去啊，如果连说话都想偷懒，怎么能把工作做好呢？"得，这个时候这个张总倒是摆起了官架子了，开始说教了。

李鉴冰心想，算了吧，又问了几个问题，草草结束了第一个面试，当面试结束后，李鉴冰依然起身，目送应聘者离开。

甄开心准备立马叫第二个候选人进来的，结果，李鉴冰的意思是先等等。

"张总，提个意见，好吧，我这个人话多，你别怪啊，你看你现在忙的，连休息的时间都没有，如果我们能尽快把岗位补充进来，你的时间，不就有了嘛。到时候很多工作不就能安排下面的人去做嘛，你的时间不就多了起来，也就不用经常加班啦。公司领导还是照顾你这边的，编制给得还算充足，我感觉，你要好好利用一下，别过几天，哪个部门说你的人不够用，倒时候想招人就晚了。"

一句话点醒梦中人，张莱立马就明白了里面的问题关键，“不好意思，不好意思，我最近忙得昏了头，把这么重要的工作都没有放在心上，这是第一次，也是最后一次，放心，放心。”

李鉴冰看到了张莱的反应，心想，这个人还不笨，反应还真快。怪不得爬得这么快啊。李鉴冰立马让甄开心通知第 2 个候选人。

第 2 个候选人一到，没等李鉴冰说话，这个张总先开口了，“不好意思，让你久等了，我也要道歉，最近工作比较杂，我把今天的面试工作给忘了，等人力资源通知的时候，我都在外面，没有办法换着装，在今天的场合里，有点不合适，你见谅。”

本来说到这里，已经很好了，可是后面的动作，能把李鉴冰的鼻子气歪了，怎么了呢。这个张总从自己口袋拿出了香烟，直接扔给对方一支，而对面面试的应聘者，也没有客气，先跑过来给张总点烟，然后自己也点上了，李鉴冰又不好说什么，就这样，吞云吐雾中，面试了近 20 分钟，弄得李鉴冰都不知道下个人怎么面试。

等这个人一走，李鉴冰立马打开了空调进行换气。

一个上午面试了 6 个人，而且不到 2 个小时。张莱看看时间还不晚，打了个招呼，就走了，去钓他的鱼了。

张莱走后，李鉴冰大发脾气。

甄开心一句话都不敢说，感觉回到了竞聘的那个时间段一样。甄开心压力过大，下午也没敢回去，生怕再出点什么事情，星期一就看不见自己了，同时，她在中午的时候给季菲菲和林北华打了电话，把上午的情况通了个气。

季菲菲和林北华提前近 1 小时都到了公司，而且和平时上班状态一样。因为今天下午是多场面试，所以几个人都来了，其中季菲菲还是人力资源专业面试官。

下午，李鉴冰调整了一下自己的状态，不能把上午负面的情绪带到下午去。

在下午面试开始之前，李鉴冰正好看见了招聘条线的这 3 个人，于是把他们仨叫到身边来，开了个简短会议。

李鉴冰叹了口气说："上午的事情，开心和你们两个说了吗？"

季菲菲和林北华都点头表示告诉了自己。

李鉴冰继续说："这件事情，我们要先想想我们自己有哪些问题，这样的问题怎么能避免掉。"

季菲菲想了想说："老大，您别生气啊，我个人认为，这件事情和我们没有什么关系啊，我们为什么要想啊，问题不在我们这边啊，那个张总，他的行为，我们怎么控制啊，我也没有权利让他立马回家换身正装啊，那样的话，一个上午都不要面试了。再说了，您别瞪眼睛，那还让不让我表达观点了，您在现场不也没有直接把两个人的烟掐灭嘛，我想说的是这样的事情，我们没有办法管。”

李鉴冰的火又上来了，指着林北华说：“你来说说。”

林北华一看，这明显让季菲菲把火气给顶了上来，我怎么说啊。“老大，我个人认为是这样的，这件事情，我们要反思，然后每次要面试前，都要提前提醒面试官着正装。可能就好很多了。”

“你说了跟没有说一样，你这样做会不会让面试官有种被轻视的感觉，你的意思是不是在传达对方不会穿正装是吧。”李鉴冰有些生气。

林北华赶忙解释：“老大，我不是那个意思，其实我想说的是，很多时候，我们不能总背锅啊，大多数时候都是对方的问题，没有必要什么事情都往自己身上揽啊。”

李鉴冰叹了口气说：“行了，给你们讲个故事，这个是真事啊，我住的小区，去年春节前，有一天早上，我正好去物业的办公室报修，这个时候来了个中年妇女，进来就要找物业经理，而且声音很大，我就在旁边看着，心想，肯定出了什么事情了，在这看会儿热闹吧。客服管家安抚了一会儿，才问明白原因。什么事情呢，原来，头一天晚上，这户业主没有在家，然后家里就被小偷给偷了，应该损失不小，客服管家问对方有没有报警，对方回答已经报警了，但是现在要找物业经理谈谈，谈什么呢，这个中年妇女说，自己是业主，每年都按时交纳物业费用，你们物业是怎么管的呢，怎么就把小偷给放进来了呢，自己这次损失大了，你们物业要承担连带赔偿责任。说着说着就激动了，非要物业经理出面，场面几乎快要失控了，客服管家是个小姑娘，以前也没有见过这样的场面啊，见自己实在是没有办法了，马上给物业经理打电话，而物业经理呢，不在办公室，在哪里呢，他早就知道了昨天晚上有户业主被盗了，一早就去巡查了，物业经理接到电话后，让客服管家先安抚一下，自己马上就来。物业经理这次来得倒是快，没有拖延，见了面，先是安抚，但是始终没有说道歉的话语，而这个业主来物业办公室无非就想从物业这边看看能不能得到点好处，一番撒泼后，物业经理也很无奈，几番劝导，总算把这座瘟神送走了。来，你们说说，物业公司有责任吗？”

甄开心想都没有想就说当然有责任了，物业不就是要服务好，这个服务好就包括安保要好吗？

李鉴冰又说：“换个问法，这户业主被盗，谁的责任？”

季菲菲皱着眉头说："物业应该有些责任，但肯定是次要责任。"

这时林北华说："老大，如果我是物业经理的话，这个事情，首先业主被盗，肯定不能是自己的责任，如果是自己的责任的话，那么就要赔偿了，我想物业经理会说，业主被盗肯定是小偷的责任啊，小偷是直接责任，也是全责，他不偷，就没有这回事了，再说，如果说物业有责任的话，那么公安局是不是也有责任啊，因为公安局管治安的啊。"

林北华说完，季菲菲和甄开心都笑了。

李鉴冰却点了点头，说道："北华说的对啊，那个物业经理还真是这么说的，业主被盗，小偷才是责任人啊，找物业也没有办法啊，对吧，物业经理把这个业主送走后，就把安保队长叫了回来，然后狠训了一顿，说业主被盗，你安保怎么做的，马上出方案，把巡逻的方案，人员的配置重新调整，防止业主对物业公司信任度的降低，等等。这个故事说完了，其实我们也要进行反思的，故事里的事情和今天上午发生的事情其实是一样的，我也知道，这不是你们的责任，但是物业经理发现了问题，不是自己的责任就不要行动了吗，不是的，要马上行动，因为同样的错误不可以再发生。上午张总的事情，说明一个问题，就是我们对面试官的培训力度不够，要加强这方面的培训，这就是我看到的，接下来怎么做呢，联系培训的赵总，然后季菲菲准备面试官的培训资料，给公司所有的面试官进行培训，让他们知道，哪些行为是损害到公司了，哪些事情是不可以做，哪些行为是有问题的。还是那句话，在工作中出现了问题，不要害怕，从问题的背后好好想想，想想自己的问题，自己怎么去修正或者优化这个工作，我没有说让你们承担责任，有很多时候，问题可能在你我的身边发生，但是如果确实是你的责任，你一定要义无反顾地去承担，如果你认为不是你的问题，不是你的责任，可以，你可以把这件事情推出去，这是正常人的做法，其实我可能也是这样的人，因为只要这个人脑袋是正常的，没有哪个傻子想把所有的责任往自己身上揽的。我说明白了吧。”

季菲菲的反应很快，傻傻地笑着说：“老大就是老大，我是刚才没有明白你的意思，现在我懂了，出了事，先看看是不是自己的问题，是的话，就承认错误，不是的话，再想想和自己有没有关，能不能从自己这边进行改进，但是责任方面嘛，就和我们绝缘吧。”

几个人说说笑笑，看看时间也差不多了，就开始准备下午的面试了。

下午的面试，李鉴冰跟的是房地产销售经理岗位的面试，季菲菲跟的商业招商经理的岗位面试。两边基本同时进行，而人力资源服务人员就是林北华和甄开心了。

下午的面试就更热闹了，什么样的情况都有，比电视剧都有意思。

先开始的是招商经理的面试，第一个面试的候选人是一位不到30岁的女性，简历上写的是未婚，经过简单自我介绍，相互了解之后，专业面试官招商总监邱道纯直接来了一句：“这样，刚才对你也有了个初步的了解，所以现在有个问题，因为在你的履历中，你写的是未婚，刚才也问过你了，你现在还没有男朋友，那么我告诉你，其实我也没有女朋友，现在的问题是，你能做我女朋友吗？”

这一句话，季菲菲只感觉眼冒金星，什么情况，这个真的在询问对方能不能做自己的女朋友，还是就是面试中的一个环节啊，季菲菲惊愕地看着这个王总，而这个王总也在观察这个应聘者。

应聘者低了一下头，好像在思考，然后抬头，看着对面的邱道纯说：“邱总，是吧，你刚才的问题是问我能不能做你女朋友，如果是这个问题呢，可能现在角色要转变一下，因为我不可能马上回答你，我也想了解你一下，请问现在能给我介绍一下你的情况吗？这样我们相互可能会更坦诚些。”

邱道纯深吸一口气说：“好啊，你想了解我什么情况呢？”

应聘者说：“这样，你随便说，你认为我想知道你什么你就说什么？”

就这样双方你来我往一番，唇枪舌剑，两个人就过上招。最后还是邱道纯败下阵来。

邱道纯微笑着说：“不好意思，刚才我的行为其实是一场面试的过程，我想判断你对环境的把控能力，以及抗压能力怎么样，这其实是个压力面试题，如果我刚才有哪些行为或者言语对你造成伤害的话，我向你道歉。”

应聘者也笑了笑：“没有关系的，邱总，我们做招商的，什么样的人都见过，什么样的无理要求也都听过，见怪不怪了。”

这个时候季菲菲才知道邱道纯在做压力面试，心想，大哥，咱们能不能事先沟通一下，这样我太被动了吧。这都什么面试官啊，李总说的没有错，看来真的要做面试官的培训了。

这个应聘者离开后，邱道纯告诉季菲菲，这个应聘者已经很符合公司要求了，后面务必把这个人搞定。

不过在季菲菲眼里，这个邱道纯可能是真的看上这个候选人了，但是人家拿招聘做幌子，你能说什么啊，所以后面再说吧。

一个下午，季菲菲面试的人中奇葩还是真不少，最后的5分钟，候选人提问的最多的就是听说你们合融加班很严重，这个是真的吗，如果不想加班怎么办。

这个时候季菲菲微笑地回答："我们对于员工加班的问题，其实是这样的，公司不鼓励员工加班，希望员工尽量在工作时间内把自己的工作做完，但是由于自己的原因导致加班的话，我们也无能为力，其实加不加班，还是看你自己。"

"那完不成任务会怎么样呢？"

季菲菲依然微笑："完不成任务，很简单，努力完成，加班也要完成，因为这个关系到你自己，你的部门，你的团队，还有整个合融。我们是一个大家庭，在这个大家庭里，每个人都要积极付出，这样合融才会更好，我们才会更好。"

还有候选人问入职时间最晚是什么时候。

季菲菲礼貌地回答："正常情况下，合融集团是要求候选人在1个月以内到岗，如果有特殊情况的话，我们会再协商的。”

“是这样的，我的想法是我其实和以前的单位关系还是不错的，毕竟做了很多年了，我是想问问，如果我被录用了，能不能在半年后入职，这样也算给上家单位一个交代。”

季菲菲又崩溃了，现在怎么还有提前半年找工作的啊，但是虽然自己都快气出内伤来了，季菲菲依然表现得很职业，说：“如果是这样的话，如果我们认为你合适的话，我会把你的资料存入公司的人才档案库里，在接近半年的时候，如果有合适你的岗位，我们会提前和你进行沟通的，但是现在没有办法给你 offer，因为我也不能把一个岗位空缺半年，这样的话，对用人部门是不负责的，请你理解。”

送走应聘者，季菲菲就想，这样的奇葩耽误多少时间啊，有这个时间，我看会儿书多好啊。也不知道现在的人怎么了，都想找双休的，不加班的，还想找工资高的，责任小的，离家近的。想想就晃脑袋，一个下午总算把人都面试完了，看看对面的会议室，好像还剩下最后一个应聘者了。

季菲菲本想中途走进会议室，看看里面的情况，因为李鉴冰当年曾给她讲过，作为招聘人员，建议多听听面试场景，这样有助于后面的招聘工作的开展，尤其是那些比较难招聘的岗位，多听听专业面试的提问，从这些面试官的问题中寻找候选人，可能成功率会高些。

季菲菲想了又想，还是在外面等等吧，一个下午的面试，已经有些筋疲力尽了。

李鉴冰这边什么情况呢，今天也是出了比较有意思的事。

今天下午房地产销售经理的3个面试官分别是招聘总监李鉴冰、项目总经理陈平宇、集团营销中心总监王海山。

前面几个人面试下来，不是这个方面差点，就是那个方面差点，反正就是找不到3个人都认为满意的人。

最后一个应聘者杜磊进来后，三个人立马有种眼前一亮的感觉，这个小伙子30岁左右，长相干净，身材匀称，看见谁都有种微笑的感觉，无形中给对方以好感。这样的人面试，起码成功一半了。

这个时候李鉴冰还是比较冷静的，这样的人基本上都在猎头手里啊，会不会有什么问题。李鉴冰问："杜先生，你好，让你久等了，感谢你来参加今天的面试，先简短地做个自我介绍吧，关于你过往的工作经历和学习经历。"

杜磊向三位面试官点头示意一下："各位面试官，下午好，我首先要感谢合融给我这次面试的机会，我大学是在一所省内的211，我学的就是市场营销，然后毕业的时候通过校园招聘进入了一家央企的房地产公司，到现在为止工作了7年，可能工作中也有七年之痒，我想换换新的环境，也想找一个有挑战的工作。我在这家央企用5年的时间就做到了区域的销售总监，但是这两年下来，我发现我除了薪酬有些变化，其他方面基本上没有什么变化。”

陈平宇没有说话，在笔记本上做着记录，李鉴冰也做着记录，王海山开始提问了：“杜先生，我刚才听你说七年之痒，我想了解一下你这个痒是哪方面的痒？能详细解释一下吗？”

杜磊晃了一下身子：“王总，是这样的，我想离开，有几个方面的原因，就像我刚才说的，除了薪酬变化，其他都没有变，这是最重要的一点。还有就是，因为现在这个城市公司没有土地储备，而现有的房源经过同事们的共同努力已经清盘了，等于我现在根本就没有工作做，想必王总是了解的，对于做销售的人来说，没有工作，可能比加班还让人讨厌。另外就是我不想出省，公司是想把我调到西宁去，虽然西北风光我也向往，但是旅游可以，常期呆在那里可能不行，我的人脉关系网，还有自己的朋友圈子都在这边。所以我也是没有办法，需要换一份工作。”

李鉴冰问：“杜先生，我插个问题，你现在已经是销售总监了，但是现在我们这边招聘的是销售经理，你对降职应聘怎么看的，你能适应这种职位的调整吗？”

杜磊很短地思考了一下，然后说：“李总，是这样的，您刚才提的这个问题，我确实考虑过，但是我相信我自己的实力，是金子哪里都会发光的，我认为我可以通过自己的努力拿到我想要的职位的。”

陈平宇笑了笑：“杜先生，问个问题，在你过往的工作中，有没有遇到过下属不听命令，甚至是团队反抗的事情？”

杜磊说：“陈总，我在刚刚提升销售经理的时候，确实发生过这样的事情，这个事情对当时的我来说打击很大，但是现在想想，如果我不经历这样的事情，又怎么能成长呢。”

陈平宇表现出很感兴趣的样子，问道：“那能详细点说说吗，我们也好学习学习。”

杜磊笑了笑，依旧很甜：“事情是这样的，当时公司有个新项目启动，一开始我不是经理，我还在其他项目，这个项目的销售经理当时很努力地把团队组建完成了，但是由于人力资源人员的不专业，很长时间都没有把相关手续告知对方，也没有让销售人员签字确认。然后因为各种原因，这个销售经理离职了，我是临时被提拔过去的，现在想想还要感谢当时的销售经理离职，我去了之后，就发现了这些问题，当时马上找到人力资源的人，要求他们马上补签到位，只有这样，我们在后续的工作开展中才会更加顺利。解释一下，因为公司实行的是末位淘汰，所以相关内容必须告知。但是在签告知书的时候，就发生了问题。下面的十几个销售人员抱团不签，其实我也能理解，因为里面有些条款属于霸王条款，甚至有些是损害销售人员直接利益的条款。当时我们找他们谈话，最后的结果是所有的人集体提出了意见，然后就开始对抗公司，我刚上任，遇到这样的情况，当时就傻掉了，怎么办，自己年轻，一个一个劝，也没有用。最后我发现我解决不了，然后我就去求助我师傅，就是我入职后的带教人，他教了我一些方法，说既然告知书现在员工不签，那就不要签了，告知书里面有些不合理的条款，很正常，因为不只咱们一家公司这样，市面上大多数公司都这样，其实大家心里都知道，如果这些销售人员入职的时候让他们签，可能这些人连内容都不会看，就签掉了，现在既然改变不了这个局面，就顺其自然吧，不签了。但是你要告诉这些人，不签的结果是员工们对抗认为不合理的条款的成功，但是事物一定是具有两面性的，那就是告知书中公司承诺的内容最后也不一定作数了，让员工们自己决定吧。认为自己有能力的人，不害怕的，会想明白的，那些没有自信的人，其实对你也没有什么用处了。就这样，当我再次一个个谈话过后，大部分人都签字了，那些没有签字的员工，在短时间内，我让人力资源的同事帮我补充到位。可能几位领导会想我当时的做法是不是太狠了，但是我要说的是，我是做销售的，其实这些人是在帮我赚钱，既然我已经判断了有些不能帮我赚钱，不能帮公司赚钱的人，我就真的没有必要留下他们，这样的事情越早处理，对各个方面越好。虽然这件事情是我处理的，但是我还是接受了其他人的帮助，从那之后，我买了很多书，尤其是关于管理方面的。来增强自己的相应的能力。”

几个面试官听得入神，几个人聊得也很开心，又问了很多的问题，这个面试用时接近1个小时才结束。

面试完，三个面试官开始讨论候选人的问题了，大家都满意的就是这个杜磊，但是对于杜磊这个人，李鉴冰提出的问题是这个人的稳定性是有问题的，可能在合融待不长，理由是这个人现在换工作是因为上家单位在这个城市没有土地储备，他没有办法开展工作，又不想去外地，因此，才换的工作，还有就是这个人现在都是销售总监了，来合融应聘销售经理，不符合常规。

王海山也是同样的想法，他说这个杜磊其实是想把合融作为一个跳板，不想让自己的职业生涯有空窗期，现在留在上一家单位，等于提前过退休生活，来我们公司，起码能动起来，自己的这身功夫没有荒废掉，等有好的职位的时候，马上就跑。

但是今天的面试官中，陈平宇才是主面试官，用不用这个人，李总和王总只有建议权，决策权在陈平宇手里，陈平宇想了想说："李总、王总，你们说的都没有错，但是我还有点想法，我先说完，然后咱们再讨论一下，第一，我想问的是，这个杜磊在能力上能不能胜任这份工作，我想不用两位说，肯定是没有问题的，人家既然能做销售总监了，销售经理肯定是没有问题的。第二，这个人对于现在我们这个项目的匹配度我想也是最好的，对于你们二位说的稳定性的问题，跳板的问题，我和你们是一样的想法，确实存在，但是我还有问题，就是我们真的无法判断这个人来后多长时间能离开咱们合融，当年我以为我在合融工作不会超过 3 年，结果现在 13 年了，我还没有走。第三，如果我们把他招聘进来了，这个人在短时间内真的走了，对我们公司的损失有多大的问题，我想如果这个人入职了，直接上任务，在短期内我想让这个人出成绩，他对公司有贡献了，不管贡献多久，无所谓，只要有就好了。你们认为呢？"

两个人想了想，都表示同意，最终确定杜磊。

面试结束后，李鉴冰把招聘条线的 3 个人召集起来，把这段时间总结下来的面试问题进行了汇总，然后将这些资料统统转交给培训条线，明确请培训条线尽快务必对集团的面试官进行培训，提高面试队伍的素质。

剩下的事情就是季菲菲的事情——薪酬谈判和背景调查。

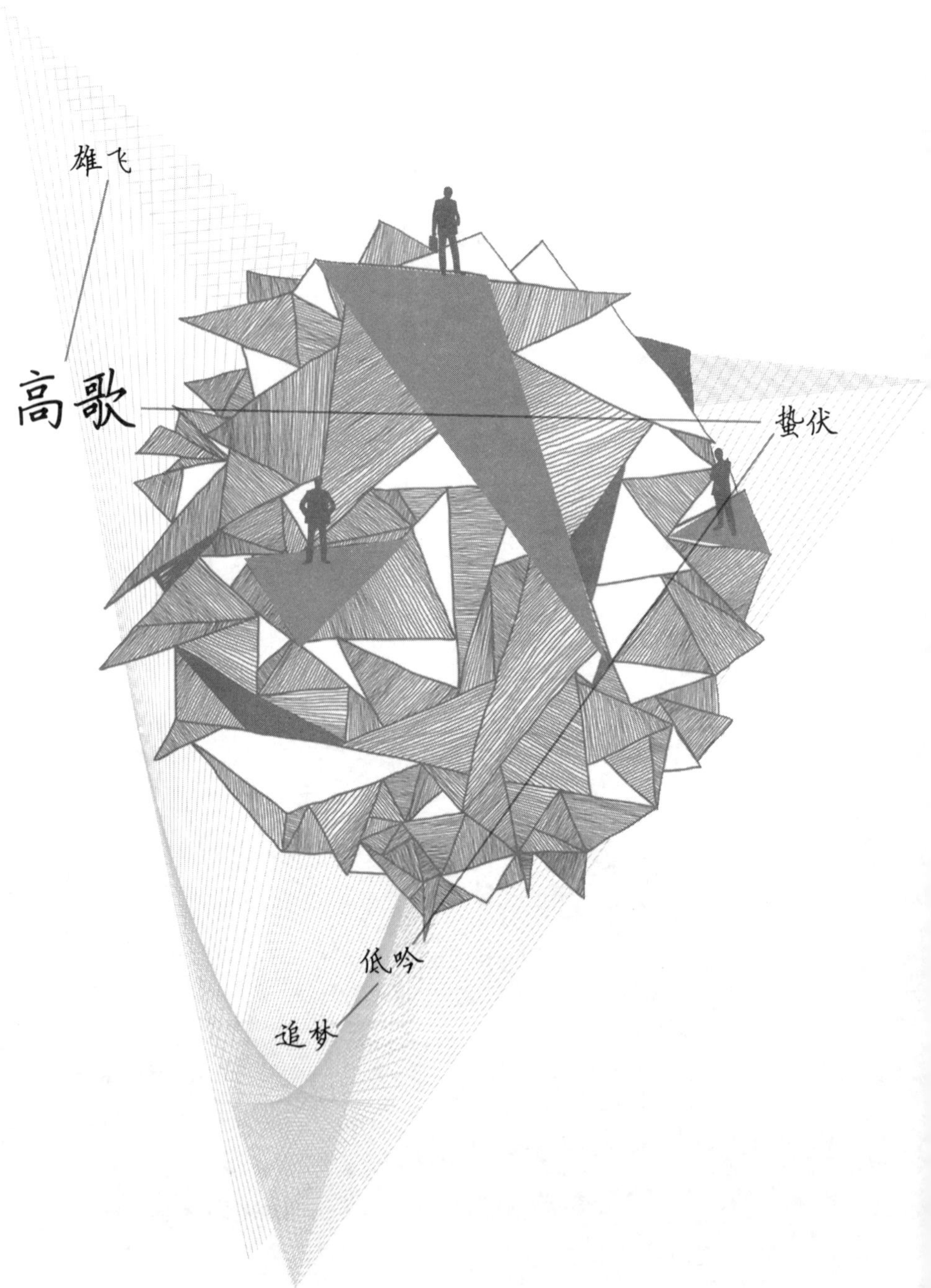
雄飞
高歌
蛰伏
低吟
追梦

07. 入职谈判 背景调查

金三银四的招聘旺季终于过去了，招聘条线基本上完成了公司全年招聘任务的1/3，季菲菲终于可以过个轻松的五一假期了，哪里都不去，就在家里睡个3天，那才是自己想要的呢。

时间真快，还没有放假的感觉呢，假期就结束了。但是毕竟休息了3天，季菲菲过得还是有滋有味的，心情非常好，天天都乐呵呵的。

不过人总有乐极生悲的时候，节后第一天上班，在快到公司门口的时候，季菲菲不小心摔了一跤，西裤刮上路旁的灌木丛，全是小口，季菲菲这个心疼啊，一条裤子再怎么说也上千块啊。但是更气人的是，走过路过的人没有人扶一把，季菲菲心里想着，我又不是什么老太太，怎么就没有扶一把呢，现在什么社会啊，都是什么人啊，算了，不生气，季菲菲坐在地上1分钟才起来。

这一跤让季菲菲一点好心情都没有了。一路上揉揉这里，摁摁那里。

到了公司，可把甄开心和林北华吓坏了，两个人心里想，什么情况啊，这假期都过成这样了，再购物，也不差多买条裤子吧。季菲菲把刚才的事情经过讲完后，这两个人不但没有安慰，反而乐得不行。自己摔的还怨别人啊。

无奈，季菲菲趴在自己的工位上，撇着嘴，生着闷气。

冥冥中好像自有注定，季菲菲今天算是霉运当头了。

上午10点整，季菲菲被李鉴冰叫进了办公室，李鉴冰看着季菲菲的样子，眉头就皱了起来，心想，这是什么情况啊，李鉴冰问了一下怎么弄的，季菲菲就把今天早上的事情再次陈述了一遍，李鉴冰自然不能像甄开心们那样嘲笑一番，但心里笑得已经不行了，面上还是安慰了几句，诸多注意安全，走路多看看脚下什么的。接下来开始说正事了，李鉴冰脸上的笑容也收了回去，立马变了个样子。

“季经理啊，你知道叫你来什么事情吗？”李鉴冰端坐在自己的位置上，脸上的笑容早已不在，连眼睛都没有看着季菲菲。

季菲菲一听李鉴冰叫自己季经理，心里咯噔一下，已经判定了肯定不是好事情啊，“老大，怎么了，又出啥事情啦。”季菲菲盯着李鉴冰，试探道。

“也没有什么事情，就是告诉你，马上再为工程中心那边招聘个工程部经理。新来的那个工程经理，今天早上辞职了，来了才3天就辞职了。工程中心那边今天早上还对我发火，你说我应该对谁发火啊。”李鉴冰漫不经心地说着，连眼皮都没有抬。

这番话听得季菲菲心跳加快，今天怎么这么倒霉啊，这个工程经理啊，都来了，怎么还走啊，要不你就别来，这叫什么事啊。

这到底是怎么回事呢，原来在3月的时候，工程中心要求增加个工程经理，来分担工程副总的部分工作内容。

其实呢，是公司要为未来项目做管理人员储备，想把工程中心的一个副总监调到项目公司做副总经理。

但是那段时间由于季菲菲要准备春季校园招聘，所以这个岗位跟进的力度不够，工程中心的老大已经催了李鉴冰好几次了，都让李鉴冰以春季校园招聘为理由给挡了回去。但李鉴冰也不能总把春季校园招聘当挡箭牌吧，最后让季菲菲抽出点时间，把这个岗位的人给搞定。

说心里话，季菲菲也是想把这个招聘任务完成的，但是校园招聘要用掉季菲菲绝大部分时间，同时那个时候也已经3月底了，虽然有些简历，但是这个时间段的简历质量可就一般了，都是些想换工作却还没有找到合适工作的人在晃荡，而工程中心对这个岗位的招聘要求却是严苛得不得了，学历，年龄，过往工作经验等，都写得非常清楚，在网上和自己公司人才库中真的没有什么合适的，偶尔遇到个合适的，人家都已经做工程总监了。

季菲菲为了应付工作，管它什么要求，在自己的渠道里胡乱找了几个人来安排面试，但是当你不认真对待一件事的时候，这件事对你也就不认真了。没有一个人合格的。

几次下来，季菲菲的脸面也挂不住了，最后季菲菲自己都生气了，“我就不信了，一个工程经理还能难住我，等着，这次一定要搞定。”就这样，在第三批人员组织面试的过后，总算有一个满意的了，这个人就是现在离职的工程经理。

这个人，在工程管理方面工作 14 年，36 岁，属于职业上升期，并且沟通表达能力较强，在工程管理上的各个阶段都比较清晰。唯一不足的是这个工程经理的供职单位，都属于小型房地产企业开发商，没有在大的房地产公司工作过，这个当时对于各个面试官，还是比较纠结的。最后由于人员招聘比较困难，而且人力资源中心还在准备校园招聘，这个人就这样通过了面试。

面试通过了，接下来就是薪酬的谈判，在薪酬的谈判过程中，季菲菲与这个工程经理也是进行了几次的拉锯战，不仅仅关乎薪酬的具体数字，这个人关心的还有其他方面，比如部门的情况，下属的情况，其他福利的情况。

最终在电话的一端，季菲菲说了一句："欢迎您加入合融集团。"这个工程经理算是进来了，剩下的录用审批，很顺利地就签完了。

本以为这样这个岗位就算搞定了，季菲菲也就把这件事给忘记了，忙着准备她的春季校园招聘，等这个工程经理在上周办理了入职后，两人才算又见面了。双方聊得也很开心。哪想得到今天竟然离职了。

季菲菲在李鉴冰面前自然不能说这个不关她什么事情，那不是等于找死呢，只能说，这个事情自己也是刚刚听到，还不知道里面到底怎么回事，要先了解一下，看看是哪里出的问题，好在以后的工作中进行规避，同时自己要尽快把这个岗位的空缺补上。

冒了一身的冷汗，季菲菲总算逃出了李鉴冰的办公室，一出门，季菲菲直奔段续的工位。刚才在李鉴冰办公室的小猫样立马就没有了，换来的是满脸的笑容，另外还带点谄媚。

"段哥，帮个忙呗。"季菲菲笑着说。

“哦，什么情况啊，季大美女，今天的话锋不对啊，平时不是这个样子的啊，今天是怎么了，吃错药了，别吓我，我都快不认识你了。”段续假模假样地说着。

“少来，老娘给你脸了是吧，帮个忙算是对你的客气，对你的尊重，不高兴，直接拖到会议室，再狠的都有，想不想听听啊，最近啊，我一直在考虑你的终身大事……”季菲菲站直身子，摇头晃脑地说着。

“停，说吧，什么事情，我尽量答应，今天算你狠。”段续无奈地说着，原来他也有软肋啊。而且这个软肋季菲菲是知道的。

“呵呵，还是我们的段哥好，也不是什么大事，就是想管你借点东西……”季菲菲得意地说着。

“唉，我知道了，肯定是那个工程经理的离职访谈表啊，看来刚才让‘白头翁’给收拾了吧。好像不好过啊。”段续也是得意地说着，不过呢，在说话的时候，也在翻找着资料，话说完了，资料也递给了季菲菲了。

“我就说段哥好吧，谢啦。”季菲菲一溜模特步走回了自己的工位上。

季菲菲翻着离职访谈表，看到里面写了好多内容。

与其说是离职访谈，倒不如说是这个工程经理对合融集团的控诉，说自己是被合融集团骗进来的，季菲菲看着这个窝火啊，说：“谁骗他了，该告诉的都告诉他了，怎么能这么说啊。”

离职访谈表里有这样一段话：“段经理，合融这样的大公司，我能加入是我的荣幸，但是进了公司，我发现这里的工作和我的想象是完全不一样的，以前在我原来的公司，作为工程经理的我，可以说分担了我们老板大部分工作，很多事情都是由我来处理的，但是当我来到合融后，我的领导告诉我只能负责工程上的工作，其他的工作不让我参与，这极大地限制了我，我在这里不能很好地发挥我的过往经验，我认为这些工作经验应该更好地加以利用，而且，你们在招聘的时候根本没有告知我岗位工作内容，现在明显就让我感觉我是被骗进来的。我对合融真的很失望。”

季菲菲看完这段也很无奈，也不能全怪这个人，自己说实话也是有些责任，很多东西没有讲清楚，尤其是与合融不在同一层面公司工作的人员。

合融集团由于规模比较大，因此在人员管理、工作分工上都是比较细致的，流程管控非常清晰，而在现实当中，一些小的公司，由于规模小，很多时候是一人多职，有能力的就会做很多工作，虽说锻炼了自己在不同方面的能力，但是毕竟和大集团工作有所区别。对于这个，季菲菲更多的就只能算是无奈啦。

既然知道了原因，自然不会再有这样的错误发生，季菲菲在自己的电脑上寻找工程经理的目标，这个时候，她更像是一名猎手，用自己犀利的眼睛寻找着猎物。

当你把一件事情放在心上的时候，你完成它的速度就会很快，新的工程经理面试通过了，薪酬谈判也不会轻松到哪里，但是这次季菲菲将很多的工作细节讲得很清楚，让对方更清晰地了解合融集团是个什么样的公司。

整个上半年，招聘市场上也是风起云涌的状况，一方面公司想招聘优秀的适合自己公司的人才，以便于尽快入职，尽快上班，另一方面要严防死守，防止自己的员工被同类竞争对手挖走。

所以这个时段，招聘条线相对非常的忙，基本上都是很晚才下班，而季菲菲手里现在就有个人要进行薪酬谈判。

这个人叫孙燕，38 岁，定居广州，现在是离职状态，离职原因是上家单位效益不好，企业倒闭，被裁员离职。在面试过程中，公司的相关领导对这个人还是比较满意的，因此很快就决定录用这个人，但是公司给出的薪酬只是孙燕上家单位的 3/4，主要的原因可能是孙燕原先在一线城市，这次给她安排的职位不高，项目公司的职位，而且工作地点在三线城市。

怎么谈，季菲菲纠结啊，那也没有办法，只能硬着头皮上，就这样季菲菲把孙燕再一次约到了公司。

“嗨，孙女士，您好！”季菲菲在前台恭迎着孙燕。

“嗨，你好，季经理，不好意思，刚刚路上比较堵。”孙燕一身职业装，礼仪非常规范。

季菲菲微笑着把孙燕引进了小会议室：“孙女士，是这样的，今天请您过来呢，是想跟您聊一聊，上次和我们几个领导也见面了，他们对您呢还是比较认可的，但是，上次还有些问题人力资源当场没有提问，所以这次请您来，我们再聊聊。”季菲菲没有一开始就把公司已经录用她的事情说出来，因为不知道对方现在的想法是什么，贸然展露自己的底牌，等于输了一半了，尤其是如果对方看中的是薪酬的话，这个就没有办法继续谈下去了，这个人基本上是不会进来的，所以季菲菲现在的想法是想多了解一下孙燕的情况。

孙燕笑了笑：“季经理，贵公司想了解哪些方面的，可以直接问。”孙燕非常聪明，随时等着对方放马过来，人家不怕，问什么答什么。

季菲菲想了想，工作方面你肯定是专家啊，我就是个菜鸟啊，看来还是转移话题。“孙女士，是这样的，你应聘的这个岗位我们公司其实是放在项目公司的，而且这个项目在三线城市，我知道你原先在广州工作，如果换成现在的工作地点，我不知道你有没有做好充分的准备工作，毕竟两个城市的差距还是很明显的。”

“这样啊，可能你不知道，其实我是在那个城市长大的，大学去了外地，工作在广州，这么多年了，刚刚失业，对于合融集团不仅仅是我，所有在这个行业内的人，都应该知道，能进合融，地区差异并不是那么重要。”孙燕自然地说着。

说者无心，听者要有意。

季菲菲继续问道：“哦，这样啊，家里现在什么情况啊？”

孙燕没有对这个问题进行防备，说：“家里呢，除了我在广州，其他人都在这座城市，我妈年龄比较大了，今年65岁，我儿子刚刚上初中，学习成绩也不是太好，有点调皮。”

“哎呦，这样啊，伯母的年龄有些大了，你家小朋友，现在这个阶段，马上就是叛逆期了，这个阶段可要引导好了，走上歪路就不好了，会后悔的。”季菲菲有些担心地说着。

“你说的可不是吗，我也为这个事情发愁呢。”孙燕跟着说道。

“孙女士，是这样的，今天找您来呢，还有个事情要和您沟通，经过前面的面试，公司的相关领导对您还是比较满意的，今天呢，是由我来和您沟通一下具体的岗位还有薪酬福利，等等，您看，您的时间来得及吗？”季菲菲很自信地说着。“这样啊，好的啊，你先介绍一下吧。”孙燕知道了，刚才都是铺垫，这才到了正题。

季菲菲把事前准备的资料打开，说：“孙燕女士，给您定的工作岗位和您面试的岗位是一致的，但是薪酬方面和你提出的薪酬有些差距，毕竟城市不一样，地域啊，生活成本啊都是有区别的，我们公司是年薪制，您的这个岗位固浮比是12∶6，也就是说，现在的年薪要除以18，就是您的月薪，浮动的6个月是通过绩效考核来完成的，前3个季度每个季度发放1个月，最后3个月在年终发放，另外我们公司的绩效考核还是比较先进的，这个绩效奖金都有一定的系数比例的，做得最好的能拿到2倍，做得不好的也是有60%可以拿到的，我想以孙女士在职场这么多年，又是这个领域的精英人士，我想拿个1.5倍或者2倍还是有可能的，因此这个整体的薪酬与您以前的差距还不是太大。您看呢？”

当季菲菲说出薪酬的时候，明显看出了孙燕的脸色有了一些变化。

孙燕还是保持着自己的职业礼仪，笑了笑说："季经理，你看，再不济我在这行也做了10多年了，你给我提供的薪酬已经低于我的预期，我也知道，我如果从广州回来，工资应该会有些回落，但是你提供给我的薪酬，我说真的，我是真的不能接受，我也要养家啊，每个月的生活成本也是很高的，儿子学费、补习费、兴趣班、生活费什么的，开销太大了，你看，季经理能否再帮我协调一下呢。"

季菲菲的心性确实还是很坚定的，这么多年的工作经历不是白给的。季菲菲说："孙女士，其实我想啊，我们真的不能只局限在薪酬这个问题上，我们还要看到其他方面，比如说子女的教育问题，您看，你这些年一直在广州，想陪孩子过个周末都难吧，你爱人我想工作也是忙的吧，把孩子放在老家，老人，说心里话，还是宠孩子的，要星星不给月亮，真的到了叛逆期，再来和他沟通，可能要付出的努力就更多了。而且你再想想，在三线城市，像合融这样的公司，说心里话，还真不多，而且你不用担心，合融的项目是商业运营，是一直存在的，不像房地产项目，结束了不拿地了，就要解散了。其实我想今天合融给你的这个机会，就是注定要你回来，不仅仅是一份工作，更重要的是对子女的关爱，如果你今天告诉孩子妈妈留下来工作，你看看他有多高兴。”

孙燕叹了口气说道：“季经理啊，你说的也不能说都是错的，有一定的道理，但是即使我留下，也要养家吧，这个和我预期的差距还是有距离的。我现在真的不能接受啊。”

季菲菲听了这句话就知道有门儿，赶紧加把力说：“孙女士，其实我刚刚还没有说完，你回来工作，不仅仅对子女有诸多好处，还能有时间照看父母，父母年龄大了，总是希望子女在身边多陪陪的。还有，我们公司每半年就会进行一次薪酬的调整，以你的工作能力，在半年或者一年的时间里，肯定是有机会进行薪酬的重新调整的，但是所有的事情都不是绝对的，这个还要看你在工作岗位上的努力程度。而且我们公司是属于那种非常简单的公司，只有工作，没有办公室政治，也没有职场潜规则，我想，如果你对自己不自信，对合融不信任，那么我可以建议你不要选择，但是如果你自信，对合融也信任，我建议还是选择合融集团，真的是非常棒的一个团队。”

孙燕想了想：“季经理，这样吧，我回去再考虑一下，我也再和家人沟通一下，我也想听听家人的想法。”

“好的，没有问题，我期待着你的佳音啊，你看我明天下午3点再给您个电话可以吗？”季菲菲笑着说着。

孙燕说了句没有问题，最后两个人握了一下手，季菲菲礼貌地送走了孙燕。

在送走孙燕后，季菲菲心里还是七上八下的，她还没有拿捏好这个人，心里在想：“我是不是有点着急了，这个人的真正需求我是不是还没有挖到，还是我在说服时的表达不够，没有切中她的要害。”

直到第二天上午，季菲菲还在考虑着孙燕的问题，因为这个岗位上的人，虽说不是很重要，但在三线城市真的不好找，所以只能等到下午3点，再给孙燕打个电话，看看什么情况，然后再见招拆招吧。

下午3点，季菲菲准时给孙燕拨了电话，双方依旧是那样客气，寒暄后，季菲菲主动地说：“孙女士，您和家人沟通好了吗，有结果了吗？”

孙燕在电话那边沉默了大约几秒钟，这几秒钟季菲菲都能听到自己的心跳声，“季经理，我有几个问题想再了解一下，我这个岗位在贵公司未来的晋升怎么样。还有就是贵公司的休假制度是什么样的，我还想听听其他福利方面的规定，你看方便吗？”

季菲菲听到这里，自然明白，这是自己最后的机会，如果错过了，这个人可能就不会进入合融集团啦。季菲菲说："孙女士，是这样的，合融集团在本地是最有名的公司之一，也是城市的一张名片，因此在福利方面请您放心，我们全部按照法律规定来执行的。另外，关于休假方面，我们各个部门是不同的，你所在的部门是按照双休来执行的，早上8：30，下午17：00。最后是关于晋升的方面，合融集团采用的是双通道晋升路径，一条是行政管理方向晋升的路径，简单点就是职位上升方式；另一条属于专业晋升路径，在你的专业领域进行晋升，比如工程师助理，助理工程师，工程师，主任工程师，首席工程师，等等。你看我说明白了吗？你主要走的是职位晋升路径，因为属于管理类岗位，专业晋升涉及不到。"

"哦，是这样啊，我了解了，其实呢，我现在还是有些纠结的，主要在薪酬上，减少得比较多，你看这样行吗，我对贵公司还是比较满意的，你能否再向相关领导建议一下，我的薪酬能否再调整一下啊。"孙燕发出了最后的一个请求。

季菲菲自然是乐意的，因为怕她不进来，在今天早上已经向李鉴冰做了汇报，提出了加薪的请求，李鉴冰也答应给调了一个等级，她的这个岗位一个等级也要靠近3万元，在这个数字上来讲，问题就不大了。

但是季菲菲并没有马上告知孙燕："这样啊，孙女士，您看这样好吗？我把您的情况向我的领导和分管负责人进行一下汇报，能不能调整，我不能保证，但是我会尽力，以往也有这样的情况，但是调整的可能性不是很大，希望您理解。好吧！"

"好的，拜托了，能调整，我可是要谢谢你的，请你吃饭好不啦？"孙燕笑着说着。

"您别客气，我先谢谢您，这样吧，我今天找领导汇报，最迟明天上午 10 点给您电话。怎么样？"季菲菲笑着说。

可想而知，第二天季菲菲是多么顺利，办公室又一次听到了季菲菲在说："好的，欢迎您加入合融集团的大家庭。"

这次薪酬谈判后，季菲菲又在自己的笔记本上写到：薪酬谈判，尤其是薪酬偏低的公司或者薪酬结构复杂的公司，现在的人都看重的是眼前利益，关注的是一个月拿多少钱，而不是一年能有多少收入，在公司能成长为什么样子。所以，在薪酬谈判上，面谈人一定要注意，不要过于急切，一定要了解更多的候选人的信息，比如对方为什么要换工作，对方喜欢什么，对方反感什么，等等，通过这些信息的挖掘，抓住候选人的痛点，才能逐个击破。另外，最重要的是，还有个问题，在允许的范围内，尽量不要压低员工的工资，这样会造成很多工作上的障碍。例如，薪酬谈得过低，后面的应聘者在坚持薪酬的情况下，很难成功入职，如果在市场上公司被贴上低薪酬的标签，可能你连简历都收不到，还有就是有能力的人会越来越少，不利于企业的发展。

时间不会因为你的停歇而停下脚步，当你不走的那一刻，也许你正在倒退。

最近的招聘相对来讲比较顺利，各部门的空缺岗位基本上都补齐了，现在的情况是储备后续力量及补充离职岗位等，所以这几天招聘条线相对比较轻松，李鉴冰也基本上不用管得太多了，他把更多的时间放到绩效条线上。但你想停下来喘口气的时候，后面就有人来找你了。

这不今天一早，李鉴冰就被吴韵帆叫到了办公室，李鉴冰看到吴韵帆的表情就知道不是什么好事，因为以往吴韵帆不管什么时候都是一副笑呵呵的样子，今天却不是，脸色明显有些不高兴。

吴韵帆看见李鉴冰进来了，立马换了个脸，依旧笑呵呵地说："鉴冰，来，坐，找你呢，有个事情要找你聊聊，知道财务中心的税务经理沈鑫吗？"

李鉴冰点头说："知道，不是刚离职吗？"

"对，是刚离职，你知道他为什么离职吗？"吴韵帆又问道。李鉴冰摇了摇头说："不知道，还没有找段续要资料。"

吴韵帆叹了口气说："本来也是要找你聊这个事情的，去年招聘沈鑫的时候，是你参与面试的吧，我刚才看了你们几个面试官对沈鑫的评价都是非常高的。但是这个人进入公司后，一开始感觉只会说，不会做，而且总感觉哪里有问题。在遇到税务问题时，问财务老大，财务老大才说了一些情况，其他人的信息只进不出。前段时间，财务中心内部进行审计，这下可好，沈鑫手里的那些工作，基本上什么都没有做，好大一摊子事啊，这把财务中心的领导气得不行了，最后找沈鑫深入地谈了一次，他自己主动辞职的，这还不算，财务中心的领导总感觉还是不对，主要是因为被沈鑫给气着了，人家自己给沈鑫做了个背景调查，结果，你猜猜结果怎么样，我告诉你，这个沈鑫可以说就是一个职场的骗子，很多证书都是假的，都是在外面买的，工作经历不是时间对不上，就是工作岗位对不上。然后人家财务中心就去于总那里告状了，就在刚刚，我被于总痛批了一顿，老李，你说我冤不冤啊，沈鑫面试的时候，我可还在员工关系条线呢。我说这么多了，你来说说吧，这个坑怎么填。"

听到这里，李鉴冰直摸后脑勺，毕竟是自己的问题，只能硬着头皮说："吴总，这个，确实是我们的问题。我们在面试和录用过程汇总没有把好关，都是我们的责任。因为以前我们在给新入职的员工做背景调查的时候，基本上都是针对总监级以上的员工。对于经理级别的员工，我们没有做背景调查，其原因主要是人手问题。包括现在，我们的招聘量也还是比较大，新入职的经理级别以上的员工太多，如果都进行背景调查的话，真的就忙不过来了。但是既然发生了这样的事情，我想我们在这个方面可能要改变一下，是不是要把背景调查的权限放到经理级别，但是如果这样的话，可能就要采用第三方公司帮我们进行背景调查。一般情况下，一个人大概 1500 元。这个费用公司如果能批下来，我肯定能把这个事情做好的。”

李鉴冰这回又把这个皮球踢给了吴韵帆，心想看你吴韵帆怎么办，我确实没有人与钱啊，你解决，我就办，你不解决，我就真的没辙。

吴韵帆心里也在想，我都没有砍你们的招聘预算，这回还敢管我要钱，可能吗，这回事你还要给我办了，钱我还不能给你了，做回铁公鸡。

“鉴冰啊，这个事情呢，我的想法是既然发生了，肯定要处理的，尤其是于总及公司高层都知道这个事情了，我们必须办。但是呢，你也知道，前段时间，公司的‘降本增效’

计划，现在施行得还是不错，我感觉你们还要自己想办法。不过呢，我的建议，你可以从近期准备入职的员工进行下手，先试试给几个经理级别的员工做个背景调查，看看诚信的比例有多大，如果超过20%的话，我想你要认真考虑了，最后我们怎么做，还要再研究一下。好吧。”吴韵帆笑呵呵地说着，就这样打太极一样，先让李鉴冰动了起来。

李鉴冰本来就理亏，他能说什么，只能这样认了。两个人聊了一会其他的，李鉴冰就出来了。

行动一定要快，李鉴冰马上把甄开心叫到了自己的办公室里，因为公司的背景调查基本上都是甄开心负责。

李鉴冰把沈鑫的事情给甄开心仔细讲了一遍，然后又把马上入职的4个经理级别的员工抽出来，让甄开心先做背景调查看看。

甄开心领了任务，垂头丧气地出了办公室，回到自己工位上就开始发呆。

林北华因为坐在甄开心旁边，所以发现了不对，就问了句:“怎么了，开心，怎么不开心了呢。”说完还笑了笑。

甄开心瞟了林北华一眼:“林经理啊，你就不要在我的伤口上撒盐了，我这都愁死了，不过既然你招惹了我，我就做回膏药，麻烦你给我出出主意吧。”

林北华这个后悔，心想自己的嘴就是管不住，但是在女孩子面前，又要装大度，“说吧，尽力而为。”

甄开心“嗯嗯”两声：“华哥，老大刚才把我叫进去了，说我们现在开始要给所有的经理级员工做背景调查，你说他是不是疯了，不过呢，我想不只他疯了，咱们的吴总也疯了，而且还不给经费，不让第三方帮忙。你说怎么办，我这刚想闲下来，还准备去旅游呢，这回好了，全泡汤了，华哥，救救妹妹我吧。”甄开心在林北华身上使手段了。

林北华想了一下：“开心啊，这也没有办法啊，官大一级压死人，领导安排的工作，只能执行，还要很好地完成任务，现在你的工作就是如何快速梳理出一套行之有效的背景调查方法，时间要快，背景调查内容要准确。这样，你先想想，然后呢我再帮你梳理一下，看看有没有好的办法给你增加进去。”

甄开心叹了口气，现在只能这样了。

接下来怎么做，甄开心也没有主意，就想了想背景调查的方法，然后把这些方法罗列出来，方法罗列出来了，得试试才知道这个方法好不好啊，于是甄开心就把还没有入职的几个经理级别人的简历翻了出来，准备拿他们练练手。

因为甄开心虽然负责背景调查，但是对于总监级别的员工，还是比较谨慎的，所以大部分都是找第三方公司辅助进行的，像现在准备自己操刀进行背景调查还真不好下手。

甄开心给现在的第三方公司的配合人员打电话咨询怎么做背景调查，你一句话一说，人家就认为你们可能想自己调查了，后期的合作可能会更困难了，哪还会认真教你啊，然后应付你一下，告诉你最简单的，然后诉诉苦，说说这个行业多么多么不容易等，无非是告诉你，你们做不来的。

甄开心怎么能听不出来呢，但是任务就在那里，不是你不看，它就会消失的，根本回避不了。

不管了，还是要试一试，于是甄开心拨打了第一个背景调查电话，你还别说，这个候选人整个背景调查的情况非常理想，每个人说的都是对这个人的肯定。这样一来，甄开心还有了信心。这个时候正好林北华从外面回来了，甄开心就把自己做的背景调查告诉了林北华，林北华看了看甄开心，然后就呵呵呵笑了一下，什么都没有说。

甄开心明显感觉有问题，这个时候怎么能放过林北华呢。

“华哥、华哥，指点一下呗，我可是会读心术的，明显看出了你脸上写了字的，指点指点我吧。”甄开心央求地说道。

林北华摇了摇头说：“也不知道你怎么读心的，你看看，你都给什么人打的电话，都是候选人写在求职登记表上的电话，这种电话能不能打，我个人认为可以打，但是要分辨一下再打，首先看看这个证明人的岗位是什么，是他的直接领导，公司老板，人力资源经理还是他的部门同事，或者其他部门同事，这里面要做分析的。如果是公司的老板或者人力资源的人呢，可信度会比较高些，如果是其他人的话，可能会说的真实，但是也有掺假的可能。另外，在做背景调查的时候，一定要注意对方说的内容，比如候选人写的是项目总经理职务，你做背景调查的时候，对方明确说明是项目总经理，没有问题，但是如果对方说是项目负责人，或者是个模糊概念的头衔时，你就要警觉了，我说到这里你明白了吧。”

甄开心点了点头。

林北华继续说：“还有就是你把你自己的公司报了出来，人家还没有离职呢，他就知道对方去哪里了，你说这样好吗，不过呢，你这个方法倒是可以用用，怎么用呢，就是你认为这个候选人勉强答应你了，但是随时可能反悔，这个时候你马上给他做背景调查，直接打到他们公司的人力资源或者老板那里，那这个人应该就是你的了，不过，事物都是有两面性的，可能这个候选人会恨你的哦。”

甄开心仔细想想眼睛就亮了，说：“华哥，还有没有其他的办法了，快说快说。”甄开心是不会放过任何求学的机会的。

林北华心想已经被人黏上了，索性就多说点吧："好吧，我就好好给你讲讲，我在做项目的时候是怎么做背景调查的，其实那个时候我们连一些重要的主管岗位都要做背景调查的，所以想的办法也多些。比如说，猎头公司推荐的，猎头公司有义务帮助公司进行人才背景调查，所以这个方面我们基本上就不管了，都交给猎头公司来处理，你不用担心猎头公司会造假，因为当时在合同里写得很清楚，如果发现问题，后果很严重，这个时候，哪家猎头公司都不愿意被合融除名的；还有就是装作是第三方公司进行背景调查，为什么这么做呢，其实有几个方面原因，一方面要保护候选人，因为很多候选人是不愿意让现在公司的人知道自己去哪里了，所以在离职前都会隐瞒，如果你报出你的公司名称，对方自然就知道你是哪家公司了，如果想留住对方的话，会说咱们公司一堆的负面消息，最后可能这个人就真不来，所以要用第三方抬头，至于第三方是谁，你自己起名字都可以。另一个方面呢，是保护我们自己，假设我们自报家门，我是合融的，你有个同事我想做个背景调查，你看看方便吗，对方一听，你是合融的，马上就会大发雷霆，你们合融不带这么玩的，天天挖我的人，我也很难做啊，你把人都挖走了，我怎么办啊，然后就是问什么都不知道，或者直接摔电话了，你的背景调查就没有结果了。我这呢还有个方法，你可以考虑一下，就是在这个候选人的简历里，看看对方在这家公司的时间段，然后去网上寻找相同时间段的简历，最好是这个候选人上下游部门，这样问起来，对方不会顾忌太多，你可能会得到更多你想要的知识点。”

甄开心拍了一下林北华的肩膀，说：“华哥，你太有才了，这回我可有招了，以后有什么疑难杂症的，我再向你请教。”

林北华一听，这是算赖上我了，晃了晃脑袋，开始忙自己的工作了。

方法知道了，怕以后忘记，甄开心马上把这些办法进行了整理记录，然后拿后面还没有背景调查的候选人进行练习，你还别说，真问出来一些事情，不是时间不对等，差个半年，就是工资多报了三五万元，都是些小毛病，然后甄开心就把这些信息整理到了背景调查表上，一并交给了李鉴冰。

李鉴冰接过甄开心递过来的资料，简单地看了一下，然后问：“开心啊，你是怎么做背景调查的呢？”

甄开心十分自然地说：“老大，是这样的，我先把现在市面上常用的背景调查方法进行了统计，然后根据这些方法来进行背景调查的，针对个体，我的方法也是不同的，比如同行业的圈子，比如前同事，等等，方法还是很多的，但是如果想要详细了解的话，可能在时间上是不允许的。”甄开心把所有的方式方法都说了一遍，李鉴冰也时不时点头，但是没有说什么。

李鉴冰看着手里的背景调查表，看着里面那些虚假的信息，第一点想到的就是人不能说谎啊，说了一个谎，后面要跟着 10 个谎言来填这个坑啊。

摇了摇头，李鉴冰在手机上翻找着电话号码，然后拨通，向对方说明一个候选人的背景调查情况，然后等待着对方的确认，最后，这几个人都还进来了，主要原因还是造假的内容不多，都在可接受范围内。

李鉴冰又问了甄开心几个问题，都是关于背景调查的时间和精力的问题，甄开心也一一作答，总体来说，这样的背景调查只能是一般水平，调查的内容也偏简单，只是对过往经历的核实而已，如果要做的话，还在可控范围之内。

甄开心出了李鉴冰的办公室，一脸的开心，李鉴冰也出了办公室，朝吴韵帆的办公室走去，应该是对背景调查这个事情的一个反馈吧。

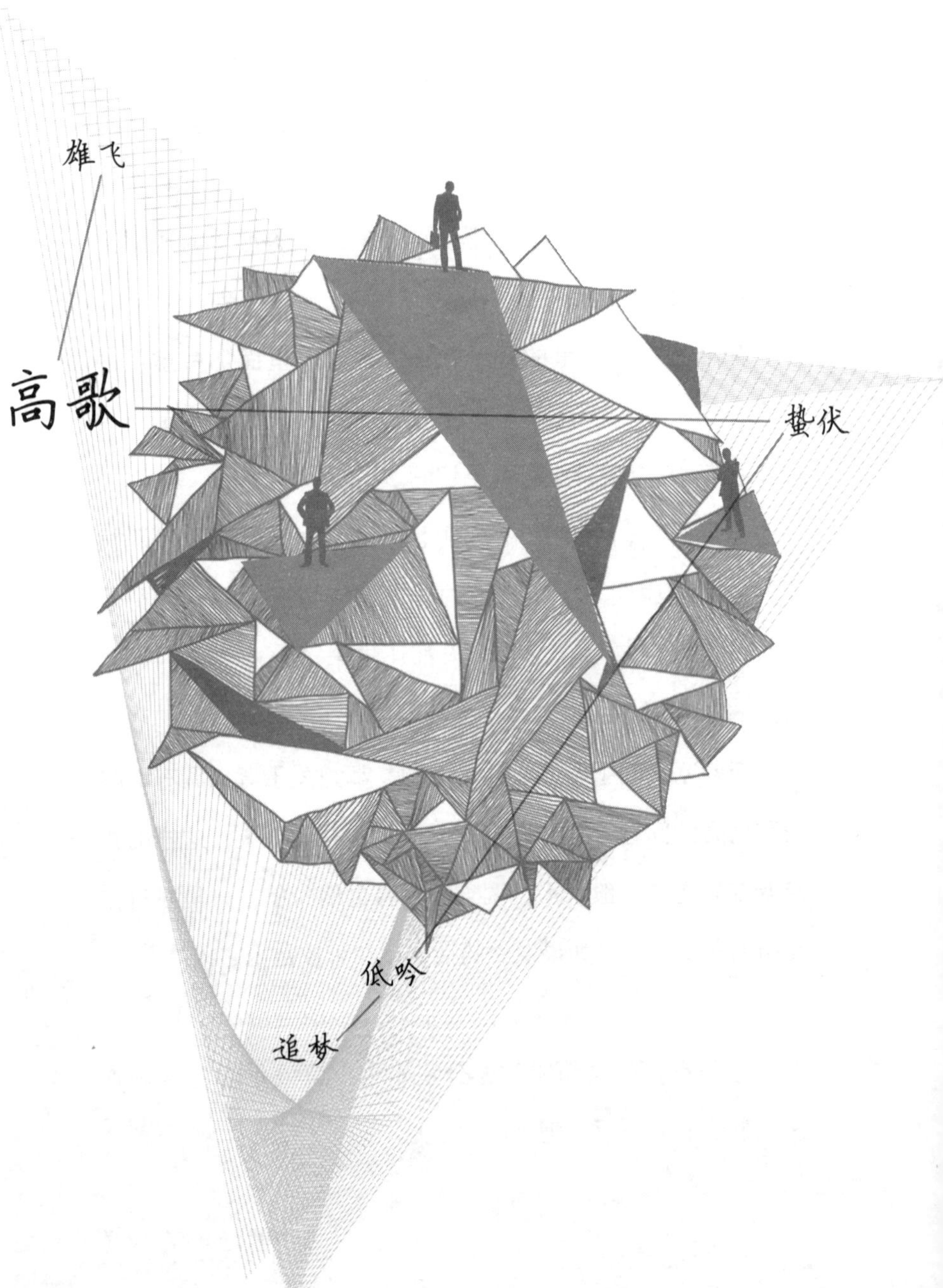

雄飞
高歌
蛰伏
低吟
追梦

08. 化解叛逃 成就共享

上半年顺畅地度过。在半年度总结大会上，公司高层着重提到，人力资源中心提出的“降本增效”计划给公司带来的效益是非常明显的。吴韵帆自然是开心得不得了，而且吴韵帆对“降本增效”的推进，应该是不遗余力的，所以在各方面都有起色，吴韵帆也每天乐呵呵的，完全看不到有什么官威。各个部门的员工也都尽心尽职，一切看起来都是那么顺畅。

天有不测风云，人有旦夕祸福。说不上什么时候，就会冒出来一件窝心事，让你应接不暇，甚至焦头烂额。

吴韵帆这几天总感觉有些事情是不对的，但是又说不出来哪里不对。有时候总是感觉心惊肉跳。

这个时候突然听到敲门声，还吓了吴韵帆一跳。赶忙端正坐姿，喊了一声“请进”。

盯着门口一看，原来是李鉴冰来了。

李鉴冰进了吴韵帆的办公室，顺手就把门关紧了，然后径直来到吴韵帆的办公桌前，坐在了他的对面。

吴韵帆看见李鉴冰的神情有些严肃，但是他依然保持着自己笑呵呵的状态问：“李总，怎么了，有什么事情啊，这么严肃。”

李鉴冰一看见吴韵帆笑，心里就不舒服，总感觉这不是真诚的笑，而是吴韵帆后天养成的职业习惯。李鉴冰说：“吴总，我这边有个事情，要向你汇报一下啊，但是呢，这个事情暂时属于猜测。”

吴韵帆感觉到了这件事情可能有些严重，因为他太了解李鉴冰这个人了，他是那种没有把握从来不说的人，今天竟然说了只是猜测，如果不是严重的事情，这种话，李鉴冰是不会说出来的。“老李，尽管说，今天这个房间的门已经关上了，在这个办公室里，在这个时间里，咱们俩说什么都可以，但是只要出了这个办公室，所有的话，我当你没有说过。”

听着吴韵帆的话，总能让人感觉到安全，也许这就是这个人的魅力之处。

“吴总，你有没有感觉到招商中心这段时间有些不正常，或者说有些反常？”李鉴冰先提了个问题给吴韵帆。

吴韵帆把左手放在下巴上，食指摸着下巴想着：“没有什么特别啊，不过好像他们中心走了几个招商经理吧，其他没有什么特别的。”

李鉴冰继续引导着吴韵帆：“吴总，以你的观察，招商中心的邱道纯是个什么样的人呢？”

吴韵帆继续想着：“雷厉风行，说一不二，在他的工作世界里，一切都要以他为首，任何事情都要为他让道。换句话说，是个工作狂，也是个霸道的人。”

李鉴冰眼神犀利，盯着吴韵帆说：“对了，吴总，就是这个，不对劲的地方就在这，这个邱总的霸道在两年前我是领教过的，当时他们中心赶任务，中心的一个招商经理，因为不堪压力，突然离职，连工资都不要了，就是直接不上班了，而这个经理手里还有好几个铺位没有招商到位，我们这位邱总直接找到了当时的林总，在林总的办公室非常霸道，而且要求我们在一周内把这个岗位补齐。林总也无奈，都是为了完成工作任务，我们用了3天就把人给他配齐了，为此，公司还支付了新入职的员工一些损失。”

吴韵帆有些心焦地说，“老李，说重点，我这几天也感觉到有些不对，但是就是不知道在什么地方出了问题。你说重点。”

李鉴冰点了一下头：“好的，吴总，邱总这段时间也是有关键节点任务的，但是这两周他就辞退了5个招商经理，虽然离职了这么多招商经理，但是这个邱总，却从来都没有喊过他着急要人，我因为知道的他的性格，所以在第一个招商经理离职的时候，我就马上给他简历，约他面试，可是邱总却不着急，说暂时忙得过来，如果忙不过来的时候，再找人力资源帮忙招聘，这件事情也就放到一边了，但是现在他们招商中心都离职了5个招商经理了，现在还不着急面试，你说这可不可疑，这是第一点。第二点就是招商中心这几个离职的招商经理，基本上都是打了辞职报告，三天到四天就让人走了。”

吴韵帆马上打断李鉴冰：“不是说离职的话，要提前1个月的嘛，怎么三四天就走了？”

李鉴冰接着说：“吴总，是这样的，正常情况下，我们确实是要求提前1个月的，但是我们集团还有个规定，就是接替员工提前到位，正常顺利交接是可以提前走的。或者用人部门同意辞职员工可以提前离职，我们也是放行的。”

吴韵帆点了点头。

李鉴冰接着说："还有个问题，这么多招商经理离职，现有的招商中心员工都没有表现出低落的情绪，每天还是同样工作，还多了一点，就是笑容多了，今天我从段续那里接到了第6个招商经理的离职报告了，而且也是一周后离职，邱总还没有找您吧。"

吴韵帆摇了摇头，没有说话。

李鉴冰看着吴韵帆，知道他在想问题，于是接着说："综合以上的问题，再根据我的分析和我的判断，可能整个招商中心都出现了问题，但愿不要出现整个招商中心集体被挖的情况。"其实李鉴冰想说的就是招商中心可能被人集体挖墙脚了。

吴韵帆还是不说话，听完李鉴冰的述说，这回直接仰面朝天，望着天花板了。"鉴冰，你的猜测，可能性比较大，但是我还要证明几件事情：第一，一会儿我会找段续，让他把离职面谈的资料给我。第二，就是你要去外面查查，查已经离职的5个人都去什么公司了，如果他们去的是一个地方，就说明你的判断是正确的，我们要马上行动，今天还有什么要说的吗？如果没有的话，现在就去，我想在中午之前听到你的消息。"

李鉴冰点了一下头，站起身来，转身出了吴韵帆的办公室。

李鉴冰回到自己的办公室，直接把季菲菲叫了进来，并且让季菲菲把门关上。

季菲菲一听，就知道可能有事情，而且不像是好事，因为李鉴冰的脸是冷着的。“老大，怎么了？”季菲菲边说边把笔记本打开，准备记录。这个时候，一定要把关键的信息进行记录，防止出现忘记的情况。

李鉴冰一看，说：“不用记录，你听就好了。”季菲菲马上就把笔记本合上了，心想这都不让做记录了，肯定是大事了。

李鉴冰接着说：“是这样的，动用你所有的关系，帮我查查这 5 个人现在在什么公司上班，我的要求是今天中午前给我回复，但是记住，你的询问对象要除去咱们公司现在的同事和前同事，我说明白了吧？”

季菲菲接过名单，点了一下头，其实她心里已经有些眉目了，然后说：“老大，用不到中午，一会儿就好，前几天有个猎头朋友跟我打听了其中的两个人，你稍等。”

接着季菲菲就在李鉴冰的办公室翻起了通信录，然后很快拨了过去："喂，小陆，有个事情，帮个忙，你上次找我问的那两个人，哦，就是我们集团招商中心的两个招商经理，你应该知道他们在哪个公司吧，我这边受员工关系那边所托，想要知道离职的员工具体到了哪家，我这边其实也要做备份的，以后如果员工回流的话，也好做个辅助证明什么的。哦，这样啊，就他们俩吗，你帮我问问，看看有几个人在那边，好的，你马上帮我问啊，我这边等着呢，今天下午要交报告的，抓紧啊。对了，下午的时候你再找我一下，你们公司的费用，下来一批，你过来拿一下支票。好嘞，就这样，嗯，拜拜。"

季菲菲挂断电话，抬头，看着李鉴冰说："老大，这两个人去了思阳集团，其他人一会儿就会有结果。"刚说完就听见季菲菲的电话响了，季菲菲很快接起电话，说："小陆啊，这样啊，谢谢了，真的感谢你，有这种情况，我还不知道，真是谢谢你啦，你现在就先别往外传，我马上汇报，谢谢啦，过几天请你喝咖啡。"

季菲菲再次挂断电话，看着李鉴冰说："老大，你是不是知道什么了？"

李鉴冰也看着季菲菲："我什么都不知道，都是职业的敏感，我是猜的，说吧，你应该知道确切的答案了。"

季菲菲点头道：“刚才这个猎头告诉我，我们集团的招商中心可能集体出了问题，团体反水了，去的就是思阳集团，老大，我们怎么办？”

“这件事能确定吗？”

季菲菲很肯定地说：“老大，你放心，这个人不会说假话，而且他都知道是谁在背后挖的，只是都是同行，他没有告诉我，但是非常肯定，他们去的就是思阳集团。”

李鉴冰得到他想要的结果后，反而放松了下来，“菲菲，你说说看，我们应该怎么办？”

季菲菲的眼神瞬间凝聚了起来：“老大，我的想法，这个团队的管理层不能留，但是尽可能地把中层和基层留下来。”

李鉴冰点了点头：“管理层不能留了，这是必然，但是这不是我们要做的事情，我们要做的事情有两个方向。第一，去汇报，把我们知道的情况马上向公司进行汇报。第二，招人，尽可能快地完成新的招商团队的组建。第三，其实还不是我们能做的，就是探查为什么一个团队集体反水。我们现在马上去找吴韵帆，和他谈谈。”

两个人出了办公室，径直前往吴韵帆的办公室，林北华望着两个人的背影，摇了摇头，对着甄开心说：“开心，我有预感，可能有大事发生。”

“林大帅哥啊，你就整天神神叨叨的吧，以后我要改口叫你林大师了。”甄开心不屑地说着。

李鉴冰和季菲菲走进吴韵帆的办公室时，吴韵帆正在看段续给他的离职访谈表呢，而且看得非常认真。

“吴总，我们查清楚了，现在走的人去的都是思阳集团，按照这个趋势，思阳集团会增加一个招商中心，这个中心就是我们招商中心的原班人马。”李鉴冰站在吴韵帆对面。

吴韵帆把离职访谈表轻轻地扔到了桌子上，站起身来说：“走吧，去楼上，我们要向于总汇报一下，不能等了。”这个时候的吴韵帆脸上再也没有了笑容，一脸的严肃，眼神也很冷。

3 个人都没有再说什么，因为心情都非常沉重，电梯很快就到了，敲开于孝川办公室门后，于孝川心里也咯噔一下，虽然不知道什么事情，但是起码知道有事情发生，应该不小，而且不是好事。

“3 个人都来了，都坐，看来有事情啊，不着急，韵帆，你说吧。”于孝川不紧不慢地说着。

“于总，有个事情要向您这边反映一下，今天早上李总来找我，说了个事情，我们把疑问点在今天上午都进行了确认落实，才来向您汇报的。事情是这样的，招商中心在两周内离职了5名招商经理，而且都是在一周内就放人离开，但同时邱总却没有主动找李总进行人员补充，这个和他以往的风格严重不符，不是邱总的作风，所以我们就有了疑虑，今天上午把离职的5个人的去向做了调查，发现5个人都去了思阳集团，再通过这条线，季经理从其他渠道了解到，可能我们的招商中心集体被思阳集团端了。就是这么个事情。”吴韵帆小心地说着，边说边观察于孝川的面部表情。

于孝川心里很震惊，但是面上却没有表现出来，他在想问题的症结在哪里，以至于吴韵帆说完了，大家都没有声音了，办公室里只能听到外面的风声。

这个情况持续了近1分钟，吴韵帆后背都湿了，人气都不敢出。

于孝川缓过神来，清了一下嗓音。“嗯，我是相信你们的，我也就不再调查了，这个事情，可能要向总裁和董事长汇报，不过呢，我的想法，既然事情发生了，我们不能怕，要正面去面对，但是现在这个时候又不能对外说，会引起恐慌的，所以我们现在要想办法把这个事情的影响降至最低，所以，这个事情还是要细化分工的。韵帆啊，你呢，带着段续几个人，开始访谈，主要针对招商中心的招商经理及以下的岗位，不要说其他的，先稳住人心，看看对方的反应，我们好进行下一步的操作。另外，鉴冰，你这边带着小季，还有小林他们不管用什么渠道，短期内，补充招商人员，但是这个面试嘛，就不用邱总参加了，你们自己看着办吧，可能我这边会和总裁一起约邱总谈谈，看看邱总的想法，再作下一步的方案。现在也没有更好的办法，而且我想我们也不好拦着人家的路，路都是自己走的，脚上的水泡也是自己走出来的，既然走了，就不能后悔，这个世界，暂时没有卖后悔药的。”于孝川说完，眼神里异常的阴冷。

既然分工都好了，大家自然马上行动，3 个人下了电梯，于孝川也去了总裁的办公室。

当天晚上，于孝川把邱道纯约来自己的办公室，两个人聊了接近 2 个小时，一开始，邱道纯根本不承认他们团队集体跳槽，但是在证据面前，他又不得不面对现实，最终说出了实情。

事情是这个样子的，邱道纯的团队，在整个合融集团都属于很能拼的，但是自去年 9 月两个板块合并后，邱道纯做起事情来，开始束手束脚了。为什么呢，因为一切要以销售为前提。举个最简单的例子，如果遇到销售型的商业，开发团队的目标是把商铺卖出去，只要卖出去就好了，谁还管后续的工作呢。但是商业运营这边就不干了，尤其是招商中心，因为正常的情况下，这种商业是进行返租的，既然是返租的，那么就要确定业态，有些业态在市场上要签8年到10年的合同，而销售就签了5年，你说这种商铺怎么租出去呢，就因为这样，邱道纯下面的骨干，包括他自己做得都非常的不开心。这回有个猎头公司直接来挖墙脚，人家就要你整个团队，薪酬增加了80%，而且对于团队的骨干还有虚拟股权的激励，都是打工的，同时又不是董事长的创业团队，自然一切向钱看。

双方谈妥后，邱道纯先把自己的骨干人员先派出去，把思阳集团的工作接起来，然后自己再离开，这样的话，整个团队也就都保证全都能到岗了。

于孝川最后问邱道纯既然公司知道了这件事，他想怎么处理。

邱道纯的答复是，其实对合融还是有感情的，但是没有办法，自己已经决定要走了，请公司理解自己，说了两声对不起，转身就离开了。

邱道纯本想第二天就打辞职报告，结果第二天一早，在公司的官网上就公布了红头文件，邱道纯因为个人私利，给公司造成重大经济损失，自即日起，除名。

邱道纯也没有想到公司这么狠，但是再想，自己又何尝不是呢，当他准备去办公室拿自己的东西的时候，已经有行政和人力资源的人员在等着他了。

邱道纯就这样被除名了，在他的职业生涯中一个大大的污点就这样被记录下来，但是他不怕，他想着思阳集团的岗位留在那里，以后只要自己努力工作，还是会有自己一片天地的，不过，这个世界就是这样，不知道什么时候会发生什么样的事情，等待邱道纯的究竟是什么，没有人知道，不过唯一能判断的是，这个人已经没有前途了。

邱道纯被除名了，跟他一起的还有 3 名招商经理也被除名了，剩下的人，一个都没有走，究其原因，可能是因为跟着邱道纯看不到希望，或者邱道纯和他的核心都走了，却腾挪出不少的岗位空缺，自己可能又有机会了，既然有机会了，而且还是在合融，那为什么还要走呢。就这样，邱道纯带走了 9 个招商经理，剩下的一个都没有带走。

这件事后，于孝川组织人力资源部门进行了反思，虽然大家各抒己见，但是真实的想法没有一个人敢说，包括吴韵帆在内，这是无奈的，毕竟在大领导面前，自我的气场根本没有办法与之抗衡，谁还敢说话呢。

于孝川也是知道的，看大家都不敢深入进去，索性就自己说了，这次事件，是个不好的案例，但是对于人力资源的未来发展，未必是一件坏事。为什么这么讲，因为这一件事，让公司上层认识到了员工的重要性，感受到了很多，所以总裁办公会上，大家讨论也比较激烈，虽然没有当场提出好的建议，但是一致认为留下的员工是无比的重要的，公司的董事长和总裁一致决定，要求人力资源中心进行成就共享计划，具体什么形式，怎么操作，要求人力资源中心用2个月来进行研讨，最终在总裁办公会进行阐述。

于孝川说完，大家都愣住了，什么情况啊，好事啊，为什么不做呢，接下来就只剩下热烈的掌声了。

会后，吴韵帆把李鉴冰和赵顾请到了自己的办公室，3个人继续讨论今天会议的事情。

李鉴冰和赵顾没一会儿就都到了，吴韵帆还是那张笑呵呵的脸，微笑着说："来来来，我们都坐那边的沙发吧，边说，边喝茶，好吧。"

这两个人也就没有端着，看着吴韵帆不熟练的泡茶手法，品着他递过来的茶。

“行啦，我们边喝边聊，今天于总已经把话撂下了，我想用不了一天，整个集团都会知道，咱们在搞共享机制。我以前就了解过，有些公司用的成就共享和跟投的方式，已经非常成功了。而且于总已经给了我们时间节点——2个月，这2个月我们一定要完成。我想呢，我们组成一个课题攻关小组，咱们仨来共同完成这件任务，不仅仅为了公司，为了员工，也是为了我们自己，你们说呢？”

赵顾也笑了，说：“吴总，我是全力支持和配合的，我在想是不是我们先确定一个人进行主要负责，把人确定下来后，我这边来安排一个外部相关的学习，让这个人带着任务出去学习，一定效果非常好，回来再给我们上上课，你们说呢？”

李鉴冰也在想这个事情：“这样吧，我就毛遂自荐一下，吴总这边其他的事情还是非常忙的，说心里话，可能想静下心来，都费劲。赵总这边呢，说实话，你可能也不擅长这块。所以呢，就现在来讲，我最合适，而且我手底下的人也不少。”

两个人都点了点头，吴韵帆接着问：“那老李，你的初步用人的想法是什么呢？”

李鉴冰想了一下：“我是这样想，招聘条线可能我不想动，因为招商中心这个事情之后，他们的短期招聘压力还是比较大的，我想他们不能全心投入进去，所以我这次想让宋北国来做这件事情，但是也要招聘条线进行配合，吴总，赵总，你们怎么看。”

吴韵帆想了想，点了一下头：“可以，我认为没有问题，北国应该可以，而且他也想出成绩，我放心。”

赵顾也说没有问题，完全支持。

就这样，3 个人把这件事情敲定了。

李鉴冰心里也像明镜似的，这样的事情基本都是他来做，旁人就算了。吴韵帆开这个会，也主要是想把任务落实到自己身上，还好，这样的事情李鉴冰还是喜欢做的，毕竟就像在探索新大陆一般。

一个下午，李鉴冰都在筹划这件工作的具体安排，等自己想得差不多的时候，才把绩效条线的宋北国和招聘条线的季菲菲、林北华叫到自己的办公室里，开了一次 4 个人的小会。

李鉴冰看到人员已经到齐，清了清嗓子说：“嗯，人都到齐了，我们现在开个小会。今天这个会议呢，主要的议题就是今天上午于总提出来的成就共享计划，你们也参加了会议，都是知道的。会后，吴总，赵总和我又开了个碰头会，最终确认由我们3个组成项目小组，共同推进这个计划的方案，但是，最终要做事的，落实到了我身上。我通知你们的时候，我想以你们的聪明，应该能猜出来了吧。你看，我就说吧，在你们脸上基本上看不到兴奋的样子。这样，我今天下午也想了一下午，我的想法，这件事情，北国来主要负责，北华协助，菲菲管控加协调，我是这么设计的，你们都有什么想法，都说说。”

宋北国听到李鉴冰的安排，心里甚是高兴，毕竟这是老大给自己的一个机会，于是点头说道：“老大，我没有问题。”

季菲菲本也想争取一下这个机会，但是又一想，自己手里的事情多得不得了，哪还有时间来细想这样的方案啊，但是老大对自己还是不错的，还让自己参与，到最后如果成了的话，功劳也有自己的，但是如果出了问题，宋北国可能就成了“宋背锅”了，到时候跟自己就没有任何关系，不过呢，北国应该没有问题的，毕竟刚回来，也要有成绩的。季菲菲也点头称自己没有问题的，会随时跟进这个计划。

其实呢，林北华也是想争取的，但是他和宋北国关系特别好，也不好争取这样的事情，还好是落在了自己好朋友的身上，要是别人的话，肯定要争的，林北华也没有意见。

简单的会议，李鉴冰就这样开完了，然后就把3个人赶出去了，自己也要休息一下啊。这三个人哪是省油的灯啊，出去后立马开了会。

今天的会议真多啊。在会议前，林北华对宋北国说：“老宋，这么好的事情可都落你头上了，我和菲姐都没有和你争啊，今天晚上是不是要表示一下啊，小龙虾配啤酒可是凝聚团队的最有效的武器啊。”

季菲菲一听立马附和。

宋北国本就不是个小气的人，立马答应下来。

于是乎，三人的会议开得很愉快，晚上的小龙虾配啤酒也吃得很开心。

这个成就共享计划到底怎么做，对于宋北国来讲是陌生的，他也犯难了，但是不怕，他有他的工作方式。

当遇到陌生的事务有几个解决渠道可以用。第一个就是上网上查找资料，自己学习，自己研究。第二个渠道就是鼻子下面的嘴巴，自己去问，自己去了解。

既然任务到了自己的手里，那么说干就干，宋北国坐在电脑前一坐就是一个上午，连口水都没有喝，但是这一个上午的成果并不理想，因为他发现虽然网络上有很多这样的资料，但是这里面绝大部分是不能用的，而感觉能用的资料却也缺斤少两的，因为里面还有很多附件没有看到。

这些都不是重要的，最为重要的是宋北国发现这个活自己做起来非常吃力，因为这里面有很多专业术语自己不懂，而这些术语绝大部分是财务术语，比如投资回报率、年化收益，等等，他不理解。

但是这样的问题，对于宋北国来讲，不能算是困难，很容易攻克，最简单有效的办法就找财务中心负责投融资的人来给自己解释一下，自己也好好学习一下。

结果第一次找人家财务的投融资经理咨询问题，就被人家怼回来了，因为宋北国自己都不清楚自己要问什么问题，问什么专业术语，一脸的懵圈。

无奈，只得回来继续研究，在查找大量资料后，宋北国心里基本上有数了，然后再去找人家财务中心的投融资的人来咨询，这回就明白多了，也能把这些关系捋顺了。但这只是一个开始，对这件工作认知的开始，在宋北国心里，如果在现在的阶段就能把方案写出来，那就是一个没有用处的方案，他心里明白，这样的方案李鉴冰都不会看一眼。

时间就是这样的快，一周就这样过去了。宋北国也只是学习了个大概，接下来，宋北国组织了第一次会议，参会的人员就是吃小龙虾的 3 个人。

宋北国把这一周的情况向另外 2 个人简单汇报了一下，他想听听这 2 个人的建议。

林北华想了想："老宋啊，我的想法呢，现在要做几件事情，既然你学习了一个大概，用了一周的时间，但是别忘了，现在虽然有两个月，可是时间是紧的，我的想法，你现在要先把这个方案的大纲列出来，然后再根据这个大纲列一个详细的时间表，在时间表里罗列出具体的工作内容，看看这些内容哪些是可以穿插进行的，还有也可以根据内容来看看哪些是需要其他部门其他人进行配合的。"

宋北国听后点点头，在自己的笔记本上做着记录。

季菲菲接着说："还有，我提个建议，我跟老大的时间最长，我其实能感觉到他想要什么东西，以我对老大的分析，他是那种听觉型的人，所以我们要给他的资料，一定是要数据很详细的。在这个方案中，其实，老大们想看到的是其他企业怎么做，如果好的话，我们就拿来主义，如果不好的，我们就创造主义，所以北国一定要找好的对标企业。"

宋北国又点了点头，说："其实我也想找对标企业啊，但是你们不知道，现在的这些资料其实都不是很全，我都是东拼西凑弄出来的，对标公司有些岗位还不懂，懂的人又不说，根本就找不到资料啊。”

宋北国说完，季菲菲和林北华相视一笑。季菲菲说：“这还不简单啊，你啊，先继续写大纲，然后把时间表也弄出来，我们好找老大汇报，至于你想要的对标公司的内容，到时候就交给我和北华吧。”

宋北国一听，眼睛就亮了，立马说：“好的，就这么定了，不能反悔啊。”

3 个人又闲聊了几句，会议结束。

宋北国又熬了一晚上，算是把计划的大纲和时间表排出来了，第二天一早就和季菲菲和林北华去找李鉴冰了。

李鉴冰简单地看了一下递过来的资料，对宋北国说：“北国，问几个问题，第一，你准备的对标企业有哪些？第二，你想用什么方式来实现成就共享，咱们集团又有其特殊性，房地产开发和商业运营并行，这个问题你想怎么解决？”

宋北国本以为自己准备充足，但最后还是被李鉴冰问住了：“老大，是这样的，首先我们的对标企业设定是房地产行业的前五名，这个对标的资料菲姐和北华会帮我这边弄出来。”另外两个人一听，这小子真坏啊，在老大面前直接把这件事情做实了，看来要想办法帮他了。

李鉴冰听了点了点头，示意宋北国继续说下去。

宋北国接着说：“我现在的想法有两种，一种是以股权作为共享机制操作，就是首先集团将挪出一部分股权，然后作价，员工按照级别设置上限，可以购买，也可以赠送，这样的话，就可以很好地将企业和员工绑定在一起了，同时还要设定好退出机制。另外一种可能针对房地产方面比较多，就是跟投机制，跟投机制是以单个项目为基础的，可以分为两种，一种是自愿跟投，另一种是强制跟投，自愿跟投我就不解释了，对于强制跟投的，主要是针对项目上的重要岗位以及总部的相关管理岗位，不过这个呢，最好成立相关的平台公司，根据平台公司的相关政策来确定，对于房地产开发和商业运营的问题，我没有想到更好的办法，只能把商业运营的人员放到自愿跟投里去了。”

李鉴冰笑了笑说：“没有想全面吧，回去继续吧，不过呢，你的这个大纲只要再稍微改一下就好了，里面的内容可以尽快丰富起来，具体怎么做，你们自己想，自己弄，对于我刚才提到的第三个问题，你们 3 个人都去想一想，看看有什么好的办法，最后我们再来研讨，对于未知的工作，我们最好要准备两套到三套方案，这样有备无患。没有问题吧？”

3个人均摇头说没有问题，出了李鉴冰的会议室，这三个人又直奔一个小的会议室，又开了个小而短的会议，无非就几件事，3个人在未来的一周的分工问题，宋北国开始全面撰写内容，但是对于里面需要的对标企业情况，需要季菲菲和林北华一起搞定，同时3个人分别想想怎么处理房地产开发和商业运营的成就共享计划。

宋北国东找西抄，他要将一个只有骨架的个体变得有血有肉，或更妩媚动人的个体。不过呢，这个活儿相对来讲，比较简单，用脑子不多。

这个时候最苦逼的要属季菲菲和林北华了，为了查到行业前五的操作模型，他们只能动用最传统的方式了。先找同行问，问不到的话，找猎头帮忙，再问不到的话，终极杀招，让猎头帮忙推荐简历，而且是有过相关工作经验的候选人，其他人不看，而且要得很急，价格开得很高。

可想而知，猎头是拼了全力去找人啊，很快就开始面试了，结果嘛，自然是好的，人没有录用，想要的资料，想了解的情况，全都有了。有时候也不能说人力资源的人坏，没有办法啊，都是工作所迫，为了任务一定是克服重重困难，微笑着到达理想的彼岸。

季菲菲把汇总整理的资料丢给宋北国的时候，他们只用了 3 天，然后季菲菲就昂着头，说了句不谢，就转身走了。

宋北国也真就没有谢谢，因为他看到资料后，自己的世界就完全封闭了，管你是林北华还是季菲菲啊，我先看看人家是怎么做的吧。

5 份资料研究了大半天，终于厘清了这里面的关系，每家公司都有其不同之处，每家公司的方案都很巧妙。

其中一家是上市公司，公司从上到下都是职业经理人，他们的成就共享就很有意思，简单来说，尽可能地让员工利益最大化，因为钱不是自己的，是股民的；还有一家是没有上市的，他们的操作就更简单了，员工投钱进来，保障最低的 8% 年化收益，其他的跟着项目走，项目赚多少，你就赚多少。总而言之，各家均有所长。

看完这些资料，宋北国陷入了沉思之中，其他家我不管，我们合融应该走哪条路呢？这个问题在他心中写上了大大的问号，在这个问号面前，他没有办法前进，但是他又不能往后退。

这个时候，唯一能帮他的只有李鉴冰了，想到这里，宋北国整理了一下思路，在笔记本上又做了些记录，然后径直走向李鉴冰的办公室。

敲开门，坐在李鉴冰的对面，宋北国把自己的困惑讲了出来，我们公司到底在成就共享上要走哪条路？

李鉴冰想了想，依然没有直接回答宋北国，而是问了他一个问题："北国，我们在决定要做这样一件事情的时候，是基于什么考虑才做的呢？回到我们出发的地方，想想我们为什么要做。"

宋北国想了想："老大，我们要推进成就共享计划，它的起因是招商中心集体被挖，今天访谈，很多人在现在的职场上没有安全感，还有就是感觉收入偏低，我们要做的成就共享计划，其实应该有两层含义，首先就是留住我们的核心员工，让他们在公司工作除了有自己的成就外，就是让他们的收入增加更多。另外，集团的收入应该和员工的努力程度成正比的，成就共享计划实施后，集团应该要鼓励员工多赚钱，因为员工赚得越多，集团才能赚得更多。"

李鉴冰点了点头："说的没有错，你其实已经想到了里面的关系，可能是你对上层对这个问题的理解还没有考虑清楚。其实是这样的，你要控制几个点，第一，员工投入要有上限，只有上限控制住了，他们才不会侵占员工股东的利益。第二，对于员工的努力要加倍给予肯定，努力程度与回报程度成正比。另外再给你提个醒，就是房地产开发和商业运营的关系处理，一个是你上次说的那种办法，另一个就是再想一套商业运营的方案来处理，我对上层的理解，可能更偏向两套方案，你自己再想想。”

宋北国请教完了，找到了自己要的答案，自然很开心地离开，准备短期内把自己的方案全面完善。

但是最终落在纸面上的内容，其实是很难的，因为你所写的内容要同时得到集团的股东方和员工的共同认可，要做到平衡非常困难。

经过苦思冥想，宋北国瘦了一公斤，总算把初稿弄出来了，一共 13 页，但是里面最关键的也就几段话：成就共享计划，首先是完成集团全年指标，在指标上的系数上进行相应的增加。其次房地产开发成立平台公司，对于公司员工，施行强制跟投和自愿跟投两种，强制跟投的员工按区域、层级、职位进行了详细列表。自愿跟投的就是非强制跟投的员工。

至于收益，也很有意思，自愿跟投的，公司给予年化收益保证 8%，投资的项目收益超过 8% 的，按实际收益分配，低于 8% 的，保证 8% 的收益。

强制跟投的，如果亏损了，最多亏损 15%，收益低于 15% 的，按照实际收益回报，高于 15% 的，投资加倍处理，等等。反正就是一个意思，把钱投资给公司，肯定比放在银行要划算。

写完后，宋北国约了季菲菲和林北华一起讨论。

当宋北国把内容介绍完后，林北华提出一个问题“投资收益这个地方，是未来汇报的关键点，高层领导也一定会追这个问题不放的。正常来讲 15 个点的年化收益应该可以达到，这个没有问题，但是如果你只超过了 15 个点就把投资收益翻倍，这个可能不行，如果这个项目员工投资 50% 的话，那么只要超过 15 个点的收益，这个项目的所有收益就都是员工的了，股东就什么都没有了，他们能同意吗？所以我的想法，你这边是不是要加一个投资的上限，把这个问题封死，还有，我们都知道，一个项目的好坏和员工的努力程度有关系，但是也会和政策有关系，所以，我们还要想一个问题，就是员工努力的极限点在哪里，这个也要设置个上限，只有这样，政策红利归股东方所有后，他们才可能同意我们的方案。”

另外两个人都点头表示同意，宋北国的笔就没有停过。“北华，可以，比我想得多，想得全面，佩服。菲姐，你有什么建议吗？”

菲姐接过话头：“我呢，在这个方面没有什么建议，北华都说过了，我就不重复说了，我呢，说点其他的，就是关于商业运营上的成就共享机制，这段时间呢，我也研究了一下，因为商业运营其实靠的就是人，没有人的话，就不会有业绩，但是它又有其特殊的点，就是商业运营不可能像房地产开发那样赚钱特别快、特别多，因为房地产属于大资金运作，商业运营绝对不是。根据这个方面，我也做了一个设计，这个设计在短期内，可能是可行的，如果商业运营独立上市的话，可能就不行了。”

宋北国说：“菲姐，你快说说你的设计，先顾眼前，不管后面的吧。”

季菲菲接着说：“我的设计就是债权思维，总部主管商业的中心员工可以投资所有的商业项目，每个项目公司只能投资自己的商业项目，每个商业项目剥离 5% 的全年收益作为员工投资奖励，最简单的就是，员工把钱借给公司，公司用这笔钱去开发商业运营项目，但是员工投入的这些钱，用每个项目的少部分利润进行挂钩，如果完成全年的指标，公司拿出5个点的利润按照投资比例进行分配，我说明白了吧。”

两个人一个点头一个摇头。

宋北国说：“菲姐，我能这样理解吗，公司在商业项目上，每个公司都设定一个盈利指标，这是一。然后根据岗位的不同，也分强制跟投和自愿跟投，员工把这笔钱投给公司的平台公司，平台公司做什么，员工不需要问，但是如果完成了全年指标的话，那么公司会把当年的项目纯收益的5个点拿出来，给这个项目的员工和当时投在这个项目的总部人员，按比例进行分配利润，是这样的吗？”

季菲菲点头说对的，就是这样的。林北华也明白了，3个人又研究了一下，觉得可行，然后又重新分配了一下工作内容，决定本周四下午向李鉴冰汇报，争取星期五向吴韵帆汇报，下周向于孝川和公司高层汇报。

就这样，开启了汇报之旅，不管怎么样，每次汇报，每个领导都会提出自己的想法，对于你的报告，都是先肯定，再批评，然后再改进。终于在2个月内完成了审批稿，宋北国都快没有人样了，不过总算是有成就感的，他在公司高层中也留下了很深的印象。

合融集团最终的决定是，由李鉴冰开始推这项成就共享计划，务必在 2 个月内完成推广，同时启动平台公司的设立工作，开始吸纳资金。

这个事情一出，李鉴冰的时间就更不够用了，在李鉴冰的推荐下，吴韵帆的认可，季菲菲暂时接管招聘条线的日常管理工作，职位还是经理，李鉴冰还是招聘总监，探讨了哪些事情还是由李鉴冰参与，其他的就由季菲菲处理就好。

季菲菲总算又跨出了一步。

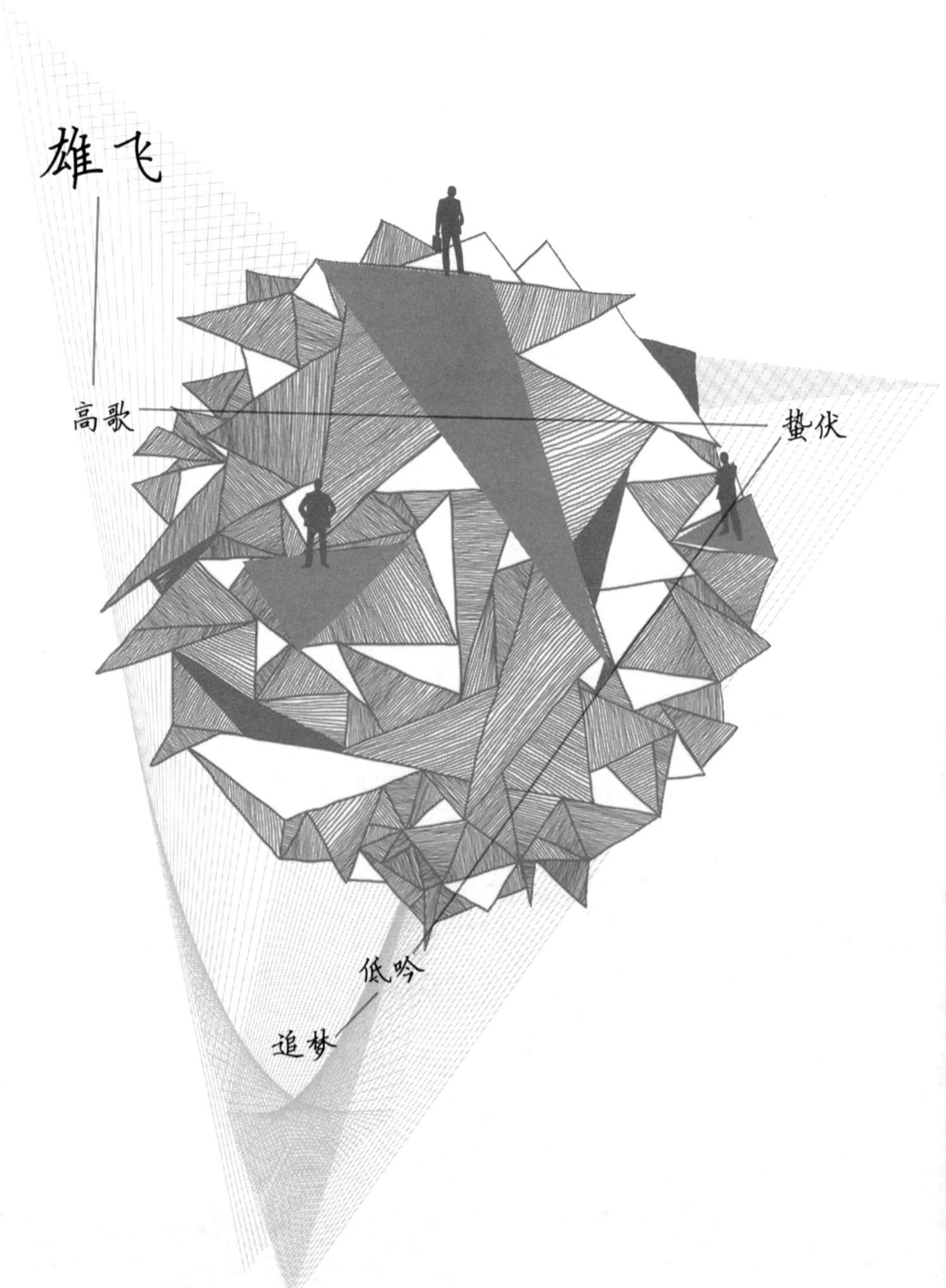
雄飞
高歌
蛰伏
低吟
追梦

09. 灰色渠道 轮回结局

季菲菲跨出了一步，自然是高兴的，但是当她面对条线的日常事务时，她发现这个活还真不是那么好干的。

每天除了要面对计划的专业性工作内容，还要面对条线内部的工作安排，听条线内的汇报，所有缺编部门的电话催人，等等。不到一个月，季菲菲再照镜子的时候，发现自己憔悴了好多，脸上的皮肤也干燥了很多，而且发现了一根白头发，自己才 30 岁多点，就看到白头发，难不成，一年之后，自己也要像李鉴冰一样，成为白发魔女了。

想想就恐怖，趁着还有年假，抓紧休息一下。

休息了又能怎么样，季菲菲在旅途中总感觉心慌，因为有些工作上的事情还没有做。

游玩得不定心，回来后季菲菲即使在上班的路上都有种不想上班的念头。总而言之，领导不好做。但是，既然都上船了，就没有下船的道理。季菲菲心里想，可能过段时间自己工作捋顺了就好了。谁能想到，这只是刚刚开始而已。

刚到办公区的季菲菲，离很远就看到自己工位上摞了很高的文件，看见这些资料就有种反胃的感觉。

季菲菲深吸了一口气，心里想是福不是祸，我还就真不信了，多大点事啊，一件一件来，最多我不睡觉吧，我就不信我弄不完。

放在自己工位上的文件，季菲菲简单地从头翻到尾，而且在自己的笔记本上做了简单的记录和归类，既然第一天回来上班先给自己条线和老大送点旅行纪念品，季菲菲送的礼物还真的不错，都是投其所好。

拿人手短吃人嘴软，发完礼物，季菲菲就组织条线开了小会，然后了解了这段时间内公司和条线内的工作情况，重点询问了她工位上文件的相关工作，这样的话，有利于后面如何处理文件。

一天下来，手里的工作处理得差不多了，季菲菲总算露出了笑容，心里想，这也没有那么难嘛，只要认真做，剩下的就是时间问题了，看了看手里还剩下的几份文件，季菲菲心想，今天就偷个懒吧，明天再做吧，反正都是些非重点工作。

第二天一上班，季菲菲就被吴韵帆叫到了办公室。

进了办公室，季菲菲都能想象得到吴韵帆是什么样子，季菲菲也在纳闷，为什么吴韵帆总是一副笑呵呵的样子，怎么看怎么假，怎么看怎么让人不舒服。但又不能发火。

“小季，这次长假出去玩得开心吗，都去哪里了啊？”吴韵帆一贯的开场白，先说其他的。

季菲菲笑着说：“我的旅游基本上也就是找个安静的地方，住几天，把心里的压力释放出来，然后才能回来玩命地工作啊。”

吴韵帆咳嗽了一下：“小季啊，出去了一周，条线的工作怎么样了？”

“工作都挺好的，林经理和甄开心两个人现在手里的活都在正常进行，我的工作可能落下点，但是昨天忙了一个晚上，还剩下点就跟上了，您放心，没有什么问题的。”季菲菲认真回复着，因为人家问的是工作，而工作就要有工作的样子。所以必须认真回答。

吴韵帆点了点头：“那就好，昨天我还接了个电话，是聘天下的胡总给我打的电话，说好像半年度的费用还没有结给他们，这是怎么回事啊？”

吴韵帆一提，季菲菲心里就明白了，“吴总，是这样的，我们和聘天下在这次半年度结款上，是有分歧的，所以呢，直到现在还没有结算。事情是这样的，我们与聘天下的合同是这样规定的，没有预付款，入职 7 天给 50%，3 个月后，给结算另外的 50%，但是在聘天下提供给我们的人选后，其中有 2 个人是不合格的，在试用期间，被我们辞退，对于这样的情况，理论上是要聘天下再次提供候选人。但是聘天下提供的候选人到现在还没入职的，在这次结算的时候，我们公司的想法，是把这两个人的 50% 的款项先抵掉，但是胡总那边不同意，他说一码归一码，另外 2 个人，以后再说，现在希望我们把前面的钱给他们，我没有同意，这事就拖到现在了。”

吴韵帆点了点头，“事情是这样的啊，那也不能总拖着不办啊，还是要解决的。你呢，先找法务部门沟通一下，看看怎么处理更合理。我们呢，也不能店大欺客，在合理的范畴内，该给人家的，还是要给人家的，毕竟对方是为我们服务的。而且我们也要想着，我们和猎头公司不能是甲乙双方的，你不要把对方当成你的下属部门来对待，你要想着，他们是来帮助我们的，我们和猎头其实是合作共赢的关系，只有他们努力地帮我们找人，我们才能更好地完成我们的任务啊。”

季菲菲心里有点不高兴但还说自己会注意，尽快把问题协商解决掉。

季菲菲没有想到今天一大早就被教育了一番，心情那是格外差，这个胡总，就知道告状，还会干什么，就他提供那些简历，有一些是不能用的，有一些是和自己找的重复的，能看得上眼的没有几个，入职了很多还不合格，都怀疑给候选人简历造假了。公司怎么会有这样的供应商，还合作共赢，不添乱就不错了。

气呼呼的季菲菲回到了工位上，喝了杯花茶，顺顺气，既然吴韵帆已经安排了，就不能不做啊，忙把和聘天下的电子版合同找了出来，给法务经理发了过去，并把情况写得很清楚。没一会儿就得到法务的回复了，说的也都是官话，什么尽量采用协调的方式来处理，如果对方拿合同说事的话，可能咱们公司也是吃亏的，等等。

季菲菲看了一眼，就知道，人家法务也不想给自己找麻烦，能少一事绝不多一事。没有办法，给人家钱呗，但是季菲菲本就不服气，再加上今天心情不好，最后的决定是把胡总叫过来，然后协商一下，尽量只付一个人的费用，另一个抵扣掉，实在不行，再都给他们。

就这样，季菲菲把胡总约了过来，整整谈了 1 个小时，在季菲菲软硬兼施的情况下，胡总接受了季菲菲的建议。心有不甘地走了。

这个胡总走后，甄开心就凑了过来，对季菲菲说："菲姐，我总感觉这个人很眼熟，就忘记在哪里见过他。"

季菲菲看了一眼甄开心，"他，老狐狸了，聘天下的胡总，小算盘打得贼溜。"

甄开心噘着嘴说："聘天下，聘天下，我肯定在网上看过他的照片，我有印象的，等我以后闲的时候找找。"

两个人又聊了几句，就都各自工作了。

工作都很忙，所以都感觉时间过的很快，一转眼就到了星期五，快下班的时候，甄开心走到了季菲菲的工位前说："菲姐，我有个事情要跟你汇报一下，我们去小会议室吧。"

季菲菲一听去会议室，心里悸动了一下，以往都是两个人在工位上说的，今天这是怎么了，非要找个会议室呢，肯定有事，而且还是不能对外宣扬的事情。想到这里，季菲菲点了点头，拿着笔记本，去了小会议室。

两个人进了小会议室，立马把小会议室的门关上。

季菲菲看着甄开心说："开心，怎么了，什么事情啊，说吧。"

甄开心递过一张纸，上面一张照片，下面应该是一段新闻稿，照片上有两个人季菲菲是认识的，一个是聘天下的胡总，另一个是吴韵帆，两个人并排坐着，前面的席卡上，胡总面前写的是聘天下总经理，吴韵帆面前写的是聘天下董事长。

季菲菲一看心里就跟明镜似的。季菲菲什么都没有说，直接问甄开心："开心，这份资料，除了你还有其他人看见过吗？"

甄开心摇了摇头说："没有，我只告诉你了，这是我以前在一个学校论坛上看到的，当时没有多想，直到上次看见那个胡总，我才想起来，这几天忙完了就开始找，今天总算找到了，就给你看一下，后面怎么办，我也不知道。你现在是领导，我听你的。"

季菲菲心里这个气啊，这不没事给自己找事吗，我还不够乱啊，这还给自己添乱，这回怎么办呢，我和她甄开心两个想问题，肯定不行的，还要找人，想到这里，让甄开心把林北华叫过来，3 个人研究一下。

林北华被甄开心拖了进来，还有点懵，心里想，没有通知要开会啊，这是什么情况啊。

还没有等他问呢，季菲菲就把那张带照片的纸递给了林北华，林北华看后，第一个反应也是问："这件事，除了咱们 3 个人，还有谁知道？"

两个人都摇头说只有咱们3个人知道。

现在怎么办，不知道的话，无所谓，但是知道了，如果不行动，肯定是不行，以后查出来了不好说啊。可现在麻烦是吴韵帆可是部门的大领导啊，一个不小心，自己的工作就没有了。3个人你看我，我看你，暂时都不吱声了。

林北华想了想："这事啊，既然知道了，我们肯定要向上报，但是，现在还有几个问题，我们要知道，聘天下是谁引进过来的，聘天下和老大有没有私底下的往来，还有就是吴总和聘天下的水有多深，所有这些我们弄明白了，才能决定怎么走第二步，要不然，真的可能自己都不知道自己怎么死的了。"

季菲菲点了点头："老大那边，我感觉跟他应该没有关系，我跟着他这些年，我知道他的人品，我信他。"

甄开心也点头说信老大。

林北华忙解释道："我没说我不信任老大，我只是想把事情得表露出来，没有别的意思。"

季菲菲思索了一下说："这样吧，老大那边，先不告诉他，我们自己先查清楚，再找他。我呢，也不想让太多的人知道这件事，这可不是什么光彩的事情，尤其还是咱们自己的中心，我们自己都查清楚了再决定吧，现在我们仨分分工，看看怎么查。我的想法是我来查查聘天下是怎么进入咱们公司的供应商库的，开心查查聘天下的工商资料，看看吴总在里面的角色和股权等，但是还有个问题就是我怀疑吴总不会用自己的身份，可能是他家里的身份，这个关系怎么查，北华有什么建议呢？”

林北华想了想：“这个啊，都在段续那里啊，但是段续是吴总的嫡系，你直接去查，你这边查，不出5分钟，吴总就知道了，还要想个办法或者由头的。这个我来想，今天星期五，争取星期一都搞定，你们说怎么样？”

两个人点头都表示同意，不一会儿，3个心情沉重的人，从小会议室走了出来，无精打采地下班了。这个周末，不可能过好了。

查证这几件事情，唯一比较困难的应该就是聘天下的股东与吴韵帆的关系了，不过这个问题的突破口还是让季菲菲找到了，他私下里找到了宋北国，因为宋北国管着绩效条线，以前的绩效条线的总监是陈重，而陈重又与吴韵帆关系不是一般的好，陈重这个人属于重义气型的，在以前他和吴韵帆的私下关系就很好，而且陈重是一个对下属还不错的领导，因此从绩效条线内部挖出了聘天下的一个大股东是吴韵帆的爱人。

而当年推荐供应商填写的材料中，明确写明聘天下就是吴韵帆推荐给公司的。

这一切查完后，已经是星期一快下班了。三个人经再三研究，共同决定还是要找个能扛得住的人来撑，这个事情他们三个人应付不来。这个人也不会是别人了，只能是李鉴冰了，下班后，3 个人共同来到了李鉴冰的办公室，李鉴冰也有些纳闷，今天不是开过条线会议了，怎么这 3 个人又来了，职业的敏感性告诉他，可能有事。

3 个人坐了下来，你看看我，我看看你，谁说呢，李鉴冰这回是更坚定了自己的想法，可能真的有事发生。

季菲菲看见两个人都看着自己，心想只能自己来了："老大，我们 3 个人今天来您这里，其实是有个事情的，但是这个事情呢，不是什么好事，我们 3 个人发现了个秘密，也不知道该说不该说，所以只能找您来了。"

李鉴冰一听心里这个气啊，看来真不是好事，而且是个麻烦，这 3 个人肯定是觉得事情有些严重，找我来当挡箭牌了，自己不怎么管招聘条线也没有几天，怎么就给我闯祸呢。

李鉴冰还想这 3 人可能在工作上失误了，找自己求助呢。

"有麻烦了找我，有好处，你们自己分，你们还真对得起我啊，唉，我这命也是苦，既然来了，那就说吧，我会选择性倾听。”李鉴冰半开玩笑地说着。

季菲菲深吸一口气说：“老大，给您看份资料，这是我们无意中发现的，您看看。”季菲菲只说了这些，她在等李鉴冰的反应。

李鉴冰认真地看着，他的脸色一阵白一阵红，额头渗出细微的汗，倒不是因为李鉴冰牵涉其中，而是聘天下当时作为自己的供应商，多次给自己送礼物和现金，自己始终没有收，李鉴冰感到后怕，心里在想这要是收了，吴韵帆不得把自己拿捏得死死的啊。

职场上的事，太过复杂，不是你的，就一定不要碰。

李鉴冰许久没有发声，其他 3 人也不好说什么，只能等，等李鉴冰问话。

李鉴冰整理了一下思路说：“这件事情，除了你们 3 人，还有其他人知道吗？这个内容都查实了吗？”

三个人先是摇了摇头，后又都点头，季菲菲还把这几天调查的资料递给了李鉴冰，李鉴冰这回查看得相对来讲快了很多。

“这件事情我知道了，不过呢，这件事情，我不能出面，我出面了，就是鱼死网破，所以这件事情，还是菲菲出面，不过呢，你也不能在工作日中处理这个事情，建议你私底下去找你舅舅说说，看看他有什么想法，而且这个房间里人，以后都不要提这个事情，因为你们都不知道有这件事发生，菲菲去找你舅舅的时候，也不要说我们都知道，只说你自己知道就好了。”

舅舅，什么舅舅，林北华和甄开心这回懵逼了，怎么回事？李菲菲也愣了，心里想，老大怎么知道，我没有和任何人说啊，“老大，你说的是我哪个舅舅啊？做警察的那个吗？”

李鉴冰笑了笑：“你如果有做警察的舅舅，你通知不通知，我随便，但是我说的是咱们公司的那个舅舅，你明白了吗？”

“老大，你怎么知道的，我没有和任何人说，而且我还刻意保持距离。”季菲菲冷静地说着。

李鉴冰摇了摇头，说：“这就是职业习惯和职业敏感，如果对自己下属都不了解清楚，怎么培养她呢？具体我怎么知道的，你就别问了，但你们要知道，我没有拿这个事情做过文章，也没有利用这个事情走过后门，还没有因为他是你舅舅我就对你重点培养，你现在的一切都是你自己努力得来的，明白了吗？”

季菲菲自然明白，她也很感谢李鉴冰会说这番话，因为这番话的解释，不会在组织内部给季菲菲贴上一个标签，这对于季菲菲来讲，至关重要。

李鉴冰继续说道："我呢，也不会说出你舅舅是谁，你找个时间，去他家里说一下就好了，你们两个也就不要问太多，也别问菲菲舅舅是谁，对你们没有好处，明白了吗？"

两个人立刻点了点头，心里都在想，不当你面问就好了，季菲菲应该也会告诉我们的，再不就等着看看这件事情谁第一出来解决，可能就是季菲菲的舅舅了。

季菲菲点头说："老大，那我把资料再准备齐全些，明天晚上我找他做个汇报，看看他的想法，然后再向你汇报。"

李鉴冰立马抬起手来，阻止季菲菲："菲菲，这件事情，到今天为止，结束，后续的内容和这个办公室里的人没有任何的关系，我真心不希望这样的事情把大家搅和进去，这不是一件好事，对你们的现在和未来都没有好处，相信我说的。"

三个人都点头示意，李鉴冰又和他们三个人讲了讲自己以前的故事，最后离开前，李鉴冰再次提醒3人，这件事不准外泄。

星期二的晚上，季菲菲下班直接去了于孝川的家，于孝川当天晚上在外面还有个饭局，但是季菲菲依然等着他，晚上9点前，季菲菲终于等到回来的于孝川，于孝川晚上喝的酒不多，回到家后就带着季菲菲去了自己的书房。

当于孝川看完季菲菲递给自己的资料后，想了一下，然后把所有的资料放进档案袋中，放进了自己的抽屉里。

于孝川看着季菲菲说："菲菲，这个事情，除了你还有谁知道？"

季菲菲早就预测到于孝川会问这个问题，为了不给同事和李鉴冰造成麻烦，她对于孝川说："舅舅，这个事情，当我发现的时候，就知道不是什么好事情，所以尽量不让别人知道，现在只有您和我知道，没有其他人知道。"

于孝川边听边点头，然后告诉季菲菲，事情自己会处理的，至于怎么处理，自己还没有想好，但是这件事到此为止，不要再告诉其他人，对其他人尤其是人力资源中心的员工，千万不能说。

季菲菲点头确认，又说了几个关于工作的事情，看看时间也比较晚了，起身回家。

从季菲菲出了于孝川家门的一刻起，这件事就和前面的几个人毫无关系了。

这一夜，于孝川几乎没有睡觉，他在想这个事情的解决方案是什么，他想的不是一个方案，而是多个方案，这里的方案哪些是对自己最为有利的，哪些是对自己不利的。

星期三一上班，于孝川告诉自己的秘书，说今天上午不见客，自己有个会议要开，然后让秘书通知吴韵帆上来。

吴韵帆也不知道于孝川找自己干什么，快速地来到了于孝川的办公室，敲开门后，依旧笑呵呵地进来，一副人畜无害的样子，于孝川也乐呵呵的，示意吴韵帆坐在自己对面。

“于总，您这边有什么事情要安排的？”吴韵帆笑呵呵地问。

这个时候于孝川忽然间把脸色沉了下来，说：“吴总啊，你升职也快1年了，我这也要找你谈个话，想听听你对人力资源中心的看法和你对人力资源中心未来的设想。”

吴韵帆明显感觉周围的空气瞬间冷凝，知道今天叫自己上来，不是什么好事情。心想，今天说话看来要谨慎点。“于总，确实快1年了，这一年来，经历了很多以前没有经历过的事情，在您的指导下，我感觉我进步了很多，成长了很多，这都要感谢于总，现在的人力资源中心，对于总监层级，减少了1名，我想未来可能还要减少，这也是体现‘降本增效’的宗旨，至于减少哪个条线，我的想法是把培训条线单独列出来，把培训条线发展成为我们集团的企业大学，但以现在来看，可能赵顾在管理上存在不足，有两个方法补救，一个是培训她，一个是再招聘一名企业大学的校长。而李鉴冰的话，我的想法是这个人能力很强，可以考虑提拔一个层级，然后我和他进行分工。对于未来，人力资源中心现在的职能可能更多的是服务和监察部门，但是我真正的想法是把人力资源中心打造成为集团的管控型部门。”

于孝川对于这个点很感兴趣，示意吴韵帆详细地说说这个。

“于总，我对企业的理解，作为一个运营者来讲，他最不能放弃的两个部门，一个是财务部门，一个是人力资源部门，有钱有人就能成事。而现在的人力资源部门如果不能很好地控制各部门，也不能发挥它强大的作用，人力资源部门其实对所有员工都有深入的了解，我们可以通过人才盘点来知道我们缺什么人，也能知道我们应该提拔哪些人；也可以通过绩效能更好地实现公司业绩，也可以通过绩效让不合格的员工离开；还可以通过招聘实现人才的供给，通过培训实现人才的价值提升。通过这些，我们可以看到人力资源有着无比强大的力量，但是这个力量要通过赋能来实现。这也是我的工作目标。”

于孝川点了点头：“嗯，想法很好，但是要实现这个目标不是一年两年能做到的，要付出的努力不是一点半点的。这个我了解了，咱们再谈点其他的。”

于孝川通过刚才的对话和平日里的观察，对这个吴韵帆还算是满意的，还是能做点事情的。

于孝川接着说：“你对廉洁这个事情怎么看？”

吴韵帆很诧异，今天的于总是怎么了，问的问题和说的话，有时候都不挨着，“于总，廉洁嘛，我们公司的一贯政策是一票否决，绝不姑息迁就的。”

于孝川点了点头：“好啊，那吴总，咱们说说你的廉洁问题吧。是我给你开个头，还是你自己说啊。”

吴韵帆的脸色立马变了个色，猝不及防地提问，让吴韵帆不知所措，但是他的反应还是比较快的，说：“于总，是不是有什么误会，最近有点树大招风，背后说我坏话的人比较多，公司可要调查清楚啊。”

于孝川倒是笑了，用手指着吴韵帆：“你啊，说你什么好啊，自己犯什么事自己不知道，还用我提醒，看来你手里可能不只一件事情啊，前几天我收到个快递，是举报你的，你自己看看吧。”说着，于孝川扔过去一张纸，上面还有张照片，照片上的席卡写着“聘天下董事长”。

吴韵帆一看，脸色红不红，白不白的，心里在研究该怎么应对。“于总，这个照片是这样的，我去参加毕业学校的一个座谈会，您也知道，我这个人好面子，当时只是员工关系总监，聘天下的黄总是我校友，他也知道我的为人，就让组织者把他们公司的董事长的名号安在我的身前，这就是个误会。”

这个时候于孝川有些生气了，“小吴啊，有些时候，说话要想清楚了再说，我没有确切的证据，你认为我会找你吗，如果你这样的话，那么这样吧，从今天开始，我给你个会议室坐着，不管什么事情，全部暂停，你开始接受公司的审计，审计出问题，审计中心会给结论，咱们按照公司的规章制度执行，审计没有问题，你继续当你的人力资源中心副总。好吧。”

吴韵帆当时就傻了：“于总，这件事情，您容我再想想，最近晚上睡不着觉，脑袋有些不好用，您给我时间想想，咱们可不能直接让我被审计，那样的话，不管我有没有问题，咱们公司我都没有办法待了，这也给咱们人力资源中心丢脸啊，您容我想想，可以吗？于总。”

于孝川叹了口气说：“好吧，你自己好自为之吧，我今天下班前，希望你把这个情况用书面的形式给我写明白了。我说的话，你听懂了吗？”

“我听懂了，于总，我这就回去想，下午4点的时候，我再来向您汇报。”吴韵帆小心翼翼地回答。

“行了，去吧。”于孝川有些不耐烦地说。

就这样，吴韵帆出了于孝川的办公室，天气本来不热，但是吴韵帆的衬衫已经湿透了。

回到办公室里，吴韵帆先给聘天下的黄总打了个电话，一顿骂，但是现在再怎么骂也无济于事啊。

吴韵帆想了很多种可能，自己辞职，被公司辞退，等等。最后，他给爱人打了个电话，把公司的情况说了一下，因为他已经想好怎么处理这个人生当中最严重的危机了。

下午4点，吴韵帆带着自己写的情况说明，来到了于孝川的办公室，这次进办公室，吴韵帆没有笑，而是很沉重。来到于孝川面前，先把手里的情况说明递给了于孝川，然后就站在于孝川的对面。

于孝川简单地看了看了情况说明，然后又看了看吴韵帆，用下巴指了指椅子说：“坐吧。”

这个时候吴韵帆才小心翼翼地坐了下来。于孝川也把情况说明放了下来，看着吴韵帆说：“说说吧。”

吴韵帆咽了一口唾液，“于总，这个事情是我的问题。我的家庭情况是这样的，我和我爱人都是做人力资源的，当年我来了咱们合融，我爱人和我的一个朋友创建了聘天下，做猎头。我是员工关系总监的时候，把聘天下推荐给了公司，但是当时我没有把里面的情况告知给公司，这是我的错误之一。聘天下作为咱们公司的供应商，我只起到了推荐作用，其他的我真的什么都不参与，这个我可以保证。还有在我升职人力资源中心的副总经理的时候，我也没有向您讲述我和聘天下的关系，我存在着侥幸心理，这是我的错误，请您原谅。总体来讲，这个事情，责任都在我身上，具体公司想怎么处理我，我绝对认同，不会有异议，这么多年，非常感谢于总对我栽培，我的行为，确实对不起您。”说完，吴韵帆的眼泪都掉下来了。

于孝川看着对方的这个人，五味杂陈：“把你的眼泪收回去，多大的人了，还哭，有没有出息。你说说你，你现在是什么身份了，你知道有多少双眼睛在盯着你呢，你还犯这样的低级错误。”然后于孝川用手拿起放在桌子上的情况说明，继续说道：“这份资料，足可以毁了你所有的前程，你不觉得可惜吗，在职场上，不是什么钱都好拿的，不能伸手的，伸手一定会被抓，你明白吗？”

吴韵帆点了点，擦了擦眼泪。“于总，我真的认识到自己的错误了。”

于孝川叹了口气说：“唉，你啊，我希望你这次吸取教训，一会儿回去，与聘天下解除合作协议，我不管你还有多少件事情瞒着我，现在都马上切断联系，明白吗？”

吴韵帆心里有一丝的高兴，说：“谢谢于总。”

于孝川还在生气：“小吴啊，要不是看在你还能做点事情，这次我肯定会挥泪斩马谡，你要争气啊，今天这个情况说明，我会收好，我希望我能看到你的改变，如果你还死性不改，到时候咱们数罪并罚。听懂了吗？”最后一句话，于孝川说的声音特别大。

吴韵帆再次擦了擦眼泪说：“谢谢于总，我这个人嘴笨，什么都不说了，您看我的行动。”

于孝川站起身来，走到吴韵帆的旁边，用手拍了拍吴韵帆的肩膀说：“你呢，把手里的工作做好，让我省点心，同时也别有什么心理负担，工作都是人做出来的，我相信你的，你上半年做得也很好，10月是每年的提职月份，到时候我会向总裁推荐你，把你的岗位扶正，明白了吗？”

“谢谢于总，谢谢于总，您放心，以后您这边有什么安排，我肯定拼尽全力也会完成的。”吴韵帆激动地说。

两个人又简单地说了几句话，吴韵帆就出来了，这个时候说什么都感觉有些尴尬，出来后，吴韵帆一脸的开心，没有想到自己这次因祸得福了，但随即他的脑海里出现了陈重的身影，摇了一下头，叹了一口气。

吴韵帆回到自己办公室，马上把季菲菲叫了进来，告诉她尽快处理聘天下的事情，能扣的还是要扣，接下来说了一堆聘天下不好的地方，然后让她通知聘天下的黄总来一下，说要亲自和他谈谈，与聘天下解除合作关系。

季菲菲自然是照办的，也明白了吴韵帆一定被于孝川谈过话了，但是结果是什么，她自然是不知道的。

人都是有好奇心的，过了一段时间，季菲菲无意间从段续那里听到了关于吴韵帆的事情，竟然是在10月提名人力资源中心总经理。

季菲菲心里在奇怪，是不是弄错了，还是自己舅舅脑袋糊涂了。

季菲菲没有想明白，就找了个向李鉴冰汇报的机会，把自己听到的事情说了一下，李鉴冰点了一下头，告诉季菲菲，这件事情已经过去了，都不要再提它了，对于吴韵帆的结果，最好也不要关注太多，可能公司有公司的考虑，相信公司不会做错的。

季菲菲走了，李鉴冰陷入了沉思，他越想心里越不舒服。

吴韵帆犯了这么大的错误，竟然没有事，而且还要准备升职，我自己呢，我都做了什么，每天忙死忙活的，两个条线地忙着，到头来，我只不过是头会拉磨的毛驴，越想心里越不舒服，越想心里越难过。

叹了口气，李鉴冰翻开了微信的通信录，在上面查找林栋梁的微信，然后写上“在吗？林总，最近有些事情想不开，想请你喝茶解忧。”

过了一会儿，微信的声音响了一下，李鉴冰打开一看“星期五下班后，6 点，老地方茶馆。”

李鉴冰这回才有了笑脸回复道：“准时到。”然后就忙自己的工作了。

时间过得很快，转眼就到星期五，今天下班后，李鉴冰没有像往常一样继续留在公司加班，而且早早地就下班了，他也没有回家，径直去了一家叫“谈天地”的茶吧。

李鉴冰一进来，就有熟络的服务员上前问：“李总，您好，今天是几位，是否安排包厢？”

李鉴冰笑了笑：“今天两位，还是海阔天空包厢吧。对了，给我上一份海鲜炒饭，我还没有吃饭呢。”

“好的，您里面请。”服务员说完，在前面领路往海阔天空包厢走去。

吃过晚饭，不一会儿，林栋梁就来了。

李鉴冰看见林栋梁到了，赶紧起身："林总，您好像瘦了点了。"

"我这哪是瘦了点啊，我是瘦了很多啊，不过，身体比以前好，心情也比以前好。前段时间听说你还不错，接了绩效条线，怎么了？最近心里又有什么结啊？"

李鉴冰叹了口气说："最近啊，心里有个弯，转不过来。过程是这样的，公司呢有个同事，是谁呢，我就不说了，在外面有个自己注册的公司，然后把公司推荐给合融做供应商，先不说赚多少钱的问题，问题是我们把情况向他的主管领导反映了，结果呢，这个人先把自己的公司排除了供应商之外，接下来他的领导竟然想在10月提拔这个人，你说现在合融还有什么公平而言，我这种像老黄牛一样的人，天天低着头干活，到最后还是一个干活的，所以心情郁闷着呢。"

林栋梁笑了笑，"就这点事啊，不像你鉴冰的处事风格啊。给你提个醒，不要过多地关注别人，多看看自己，很多时候，多想想自己为什么要工作，自己现在做的事情，是不是自己想要的，如果是，就一往无前地冲刺，不是自己的，终究不是自己的，还争什么呢，你现在又不缺钱，你缺的是方向，而且你是做招聘，经常劝说候选人的一句话，就是工作要开心，不开心即使给你再多钱，也不一定要去啊。你刚才说的这个事情，我基本上能猜到是谁了，但是这是那个领导的管理风格，你又怎么能改变呢。给你讲个故事，就当故事听，房地产公司的事情，有个项目总A，项目快结束了，这个时候公司想把他调到另一个项目去，但是那个项目不是很好，这个项目总A想把这个项目收尾后，公司再给他安排个职位，结果呢，他这个项目是结束了，但是这个时候公司的战略调整，暂时不进行土地开发，所以他就闲下来了，这个项目总A怎么是闲得下来的人呢，就开始在老板面前说另一个人B的坏话，这个B是谁呢，是刚才我提到的那个项目的项目总C原先的下属，为什么呢，你知道吗？”

李鉴冰摇了摇头。

“为什么，是因为这个项目总A想通过诋毁这个B，说这个B能力不行，然后让公司把原先的项目总C调回来，自己去那个项目做项目总。明白了吧。”

李鉴冰点了点头：“明白了，真高啊，这政治玩得不是一般的好啊。那我的故事里，这个人为什么不处罚下属，还要给这个人升职呢？”

“这你还不明白吗？你握着你下属的小尾巴，你想让他做什么，他就会做什么，既然都听话了，为什么不给糖吃呢。明白了吗？”林栋梁笑着说着。

这回李鉴冰重重地点了点头，“林总，其实我是一个很简单的人，我不想面对这些复杂的员工关系，在这样的环境里工作，我会一直不开心下去，我会很难过的。您给我点建议呗。”

林栋梁想了想：“我在给你建议前，有几个问题想问你。第一个问题，你刚才问我的问题，对你重要吗？”

李鉴冰这个时候倒是放松了，说：“这个问题对我重要吗？我认为对我很重要，我的情况是这样的，家庭还算美满，经济上虽然说没有达到自由，但是比上不足比下有余，我认为我是满足的，就工作来讲，其实本身我是喜欢工作，才工作，我不是为了钱才工作的，但是，你叫我在现在的环境里工作，我心里很痛苦。”

林栋梁抓住李鉴冰的说话内容：“嗯，我能这样理解吗，你是因为喜欢工作而工作，但是你现在却不喜欢你这个公司，具体来讲，你是不喜欢你这个公司的工作环境。对吗？”

李鉴冰点了点头：“对的，我在这家公司工作了整整15

年，我最好的青春都给了这家公司，虽然公司给予我的也很多，但是我这个人是个简单的人，只知道做事的人，而且我现在看到了听到了很多不公平的事情，这些事情就发生在我的身边，这让我很痛苦，我真的需要一个简单的环境，让我快乐地工作。”

林栋梁想了想：“我刚才就听到你说了两次痛苦，这可能是内心的真实写照，所以你应该放松下来，好好想想你未来要走的路，对于你来讲，这真的很重要。如果真的是因为工作环境给自己造成的困扰，我也没有办法帮你，只能是你自己来选择，你自己好好想想吧。”

林栋梁没有明说“你做得痛苦就换一家公司吧。”因为林栋梁毕竟也是从合融出来的。

“林总，我其实有想过换工作，但是我下不了决心，我不是担心我的能力，而是担心从这个坑出去，就跳入了另外一个坑了。”李鉴冰无奈地说着。

林栋梁思索一下：“这样吧，如果你是真的确定想换工作了，你可以考虑来我们公司，我可以保证你的是工作环境很好，员工关系非常简单，但是如果你来的话，也要经过正规的面试，不过我相信你。”

得到林栋梁的认可，李鉴冰心里还是非常高兴地，说：

“林总，说心里话，我现在还有些纠结，我回去想想，星期一给你回复。可以吗？”

“可以，什么时候回复都可以，只要我有岗位，好吧。”林栋梁爽快地说着。

两个人整整聊了3个小时，才算散局。

回到家李鉴冰很久都没有睡着，爱人也看出来他有心事，李鉴冰把自己现在的处境和爱人说了一下，两个人聊了很久。

爱人有一句话说到了李鉴冰的心里，“你的人生，一定要由你掌控，但是做任何事情，一定要考虑到平衡。”

这个周末可能是李鉴冰这段时间来最开心的时间了。星期一一早，李鉴冰给林栋梁发了个微信：“林总，我想好了，简历发到您的邮箱里了。谢谢你星期五对我的开导。”

马上林栋梁发了个笑脸给李鉴冰。

面试的顺利，超过了李鉴冰的想象，所有考官提出的问题，在李鉴冰看来根本就不是问题，都是他日常工作的内容。

李鉴冰回想虽然自己十几年都没有面试了，在这十几年里，自己一直在不断地学习，合融也给了自己绝对大的平台，才有了今天藐视众多公司的资本。

在得到自己面试通过后，李鉴冰并没有太开心，因为没有预期，还有就是自己怎么提出辞职呢，说真话还是说假话。

在自己辞职之前，李鉴冰把自己手底下看重的几个人分别叫进了办公室，然后根据每个人的情况，进行了详细的工作指导。有的人出来的时候很高兴，老大又教新办法了。但是林北华出来的时候，心情是非常不好，什么也没有说，闷着头坐在工位上。季菲菲没有一会儿也出来了，林北华看着季菲菲也是心情不好的样子，季菲菲也看到了林北华，两个人脑袋往外一指，就都出了办公室了，找了个没有人的地方，季菲菲问林北华："你为什么不高兴，被老大骂了？"

林北华叹了口气说："被他骂倒是好了，我是怕他以后再也不骂我了。"

"你也发现了，我也感觉到了，老大刚才和我谈话，简直就是安排后事，怎么办，我的感觉也是老大要走。"季菲菲焦急地说着。

林北华摇了摇头："没有用的，他应该已经决定了，他决定了就不会改，他是谁啊，咱们老大，你见过他为谁改变过吗？"

两个人一起摇头叹气。

所有人都谈完了，李鉴冰开始准备自己的辞职信了，想说的太多，但是最后被李鉴冰一项一项都删除掉了。

当李鉴冰拿着自己的辞职信敲响吴韵帆办公室的门的时候，他内心还有丝丝的胆怯。

吴韵帆接过李鉴冰的辞职信，他自己都不敢相信这是真的，一个在集团服务了15年的老员工，就在刚刚，辞职了，吴韵帆无论怎么问原因，李鉴冰的答案永远都是，自己累了，想休息一下，做了十多年了，自己需要放空自己，请公司理解。

吴韵帆这种人怎么能猜不到，李鉴冰这肯定是有新单位了。

虽然多次挽留，但李鉴冰还是很坚决，不是他不念旧，而是他真的累了，再怎么感谢合融，都是无奈的。

于孝川很快就知道了，他在电话里告诉吴韵帆："心不在了，人就不在了，感谢鉴冰对公司的贡献，祝他一路顺风。"

后 记

李鉴冰离开前，人力资源中心调岗名单就出来了。

吴韵帆任命人力资源中心总经理，

季菲菲任命招聘条线副总监，

宋北国任命绩效条线副总监，

甄开心任命招聘条线助理经理。

李鉴冰走得无声无息，他只是合融这湖泊里的一滴水，无论李鉴冰在或者不在，这湖水还是湖水。

李鉴冰走了，他去寻找属于自己的大海，但是没有人知道，他会不会找到，假使他找了大海，但是也没有人能保证，他不会在大海里淹死。

春节前，林北华也提了辞职报告，他准备在春节后，去一家小型房地产公司任职人力资源中心总监。

李元江

图书在版编目 (CIP) 数据

HR 同行之旅 / 李元江著 . —北京：中国法制出版社，2018.11

ISBN 978-7-5093-9755-8

Ⅰ. ① H… Ⅱ. ①李… Ⅲ. ①人力资源管理 Ⅳ. ① F243

中国版本图书馆 CIP 数据核字（2018）第 213323 号

策划编辑：潘孝莉

责任编辑：马春芳（machunfang@zgfzs.com） 封面设计：一本好书书籍设计

HR 同行之旅

HR TONGXING ZHILÜ

著者 / 李元江

经销 / 新华书店

印刷 / 三河市国英印务有限公司

开本 / 880 毫米 ×1230 毫米 32 开 印张 / 9.5 字数 / 152 千

版次 / 2018 年 11 月第 1 版 2018 年 11 月第 1 次印刷

中国法制出版社出版

书号 ISBN 978-7-5093-9755-8 定价：39.80 元

北京西单横二条 2 号 邮政编码 100031 传真：010-66031119

网址：http://www.zgfzs.com **编辑部电话：010-66053217**

市场营销部电话：010-66033393 **邮购部电话：010-66033288**

（如有印装质量问题，请与本社印务部联系调换。电话：010-66032926）